Reimer Gronemeyer

# Ohne Seele, ohne Liebe, ohne Haß

Reimer Gronemeyer

# Ohne Seele, ohne Liebe, ohne Haß

Vom Ende des Individuums
und vom Anfang
des Retortenmenschen

ECON Verlag
Düsseldorf · Wien · New York · Moskau

Die Deutsche Bibliothek – CIP-Einheitsaufnahme

*Gronemeyer, Reimer:*
Ohne Seele, ohne Liebe, ohne Haß: Vom Ende des Individuums und vom Anfang des Retortenmenschen/Reimer Gronemeyer. – Düsseldorf; Wien; New York; Moskau: ECON Verl., 1992
ISBN 3-430-13531-1


Gesetzt aus der Garamond, Linotype
Satz: Lichtsatz Heinrich Fanslau, Düsseldorf
Papier: Papierfabrik Schleipen GmbH, Bad Dürkheim
Druck und Bindearbeiten: Pustet, Regensburg
Printed in Germany
ISBN 3-430-13531-1

# Inhalt

Irgendwie hatte alles mit einer Geschichte zu tun, die er einmal gehört hatte – von einem kleinen Jungen, der an der Stelle, wo sein Nabel hätte sein sollen, eine goldene Schraube hatte. Zwanzig Jahre lang konsultierte er Ärzte und Spezialisten in aller Welt, versuchte, sich von dieser Schraube zu befreien, ohne sein Ziel zu erreichen. Endlich, auf Hawaii, begegnete er einem Wudu-Medizinmann, der ihm ein übelriechendes Mittelchen gibt. Er trinkt es, schläft ein und hat einen Traum. In diesem Traum kommt er in eine Straße, die von grünen Laternen erleuchtet ist. Er folgt den Anweisungen des Zauberers, biegt zweimal nach rechts und einmal nach links ab und findet bei der siebzehnten Laterne einen Baum, der über und über mit bunten Ballons behängt ist. Am viertobersten Ast ist der rote Ballon, den er sucht; und in ihm findet er einen Schraubenzieher mit einem gelben Plastikgriff. Mit diesem Schraubenzieher entfernt er die Schraube von seinem Bauch, und sobald er das getan hat, erwacht er aus dem Traum. Es ist früher morgen. Er sieht zu seinem Nabel, und siehe da, die Schraube ist verschwunden. Dieser Fluch, der zwanzig Jahre auf ihm lastete, ist gebannt. Außer sich vor Freude, beugt er sich aus dem Bett – da fällt ihm der Hintern ab.

Thomas Pynchon

# Flucht in die Biologie

## Vom Ende des sozialen Zeitalters

Spätnachrichten am 2. Mai 1991: In den Vereinigten Staaten werden immer mehr Kinder geboren, deren Eltern die neue Droge »Crack« konsumiert haben. Die Kinder benehmen sich wie Automaten. Originalton des Fernsehsprechers: »Es wird vermutet, daß durch die Droge bei den Kindern das Moralzentrum ausgelöscht ist.« Diese Kinder werden – wenn sie erwachsen sind – vor nichts zurückschrecken.

In der Meldung versteckt sich ein Umsturz. Noch gestern hatte die moderne Welt eine andere Erklärung: Das soziale Milieu der Familie ist verantwortlich für das Elend der Kinder. Von Umwelteinflüssen war die Rede. Über Nacht ist es die Biologie geworden. Damit ist ein Bann gebrochen. Wie durch ein Erdbeben wird gegenwärtig das alte, »soziale« Weltbild der Moderne zerstört. Während wir noch staunend auf den Zusammenbruch des Sozialismus starren, zerfällt ein anderes Reich mit rasender Geschwindigkeit. Eben ist Karl Marx aus dem Haus gejagt worden, da beginnt die Abrechnung mit Sigmund Freud. Es kündigt sich an das Aus für Psychologen, Pädagogen und Soziologen, für Therapeuten, Psychosomatiker und Sozialarbeiter. Sie alle leben vom untergehenden »sozialen« Erklärungsmuster. »Die Gesellschaft ist schuld.« Ohne diesen Satz sind sie nichts. Nun wird er ersetzt durch biologische Erklärungen. Wie ist das gekommen, und wozu wird das führen?

1. Die Philosophie des 19. Jahrhunderts ist beschäftigt mit der Ermordung Gottes. Das Jahrhundert endet mit dem Satz: Gott ist tot. Die modernen Menschen des 20. Jahrhunderts sind beschäftigt mit der Ermordung der sozialen Institutionen, die an die Stelle Gottes getreten waren. Das 20. Jahrhundert endet mit dem Satz: Die Familie ist tot, das Vaterland sowieso.

2. Zum erstenmal in der Geschichte der Menschen tritt der Mensch auf eine Bühne, die leer geräumt ist: Es gibt keine religiösen oder sozialen Sinnvorgaben mehr, auf die man sich verlassen könnte. Der Weltanschauungskasten ist geplündert. Es ist der Augenblick schierer Freiheit, aber auch die Stunde der Bodenlosigkeit: Das Individuum als letzte Instanz. Der Single als Inbegriff der Postmoderne.

3. Das ist der Augenblick, in dem die Flucht in die Biologie beginnt. James Watson, der Einstein der Genetik, hat einen Sohn, von dem er sagt, er sei menschenscheu. Watson ist der Meinung, daß schon in wenigen Jahren Menschenscheu im Labor heilbar sein werde. Wir werden unsere Erklärungen in Zukunft nicht mehr aus dem »Milieu« beziehen, sondern aus dem Labor: Das »soziale« Modell verabschiedet sich mit dem Jahrtausend. Es wird abgelöst von dem Modell der Menschenzüchter. Versprochen wird der fehlerfreie Mensch aus der Hand der Molekularbiologie.

Der Mensch wird – sagte Paul Chesterton –, wenn er aufhört, an Gott zu glauben, an alles glauben, was sich bietet. Denn die postmoderne Bodenlosigkeit ist so schwer zu ertragen, daß die neue Heilsbotschaft von der Machbarkeit des Menschen eine ungeahnte Sogkraft entfaltet.

Und dann und damit stürzt die letzte Bastion: Das Individuum wird zur Designeraufgabe. Tiere werden schon geklont (kopiert) und patentiert. Es wird versprochen, daß die Grenzen der Arten sich auflösen lassen. Glaubt jemand ernstlich, Wissenschaftler würden darauf verzichten, Menschen zu klonen oder mit anderen Lebewesen zu kreuzen, wenn das technisch möglich ist? Es ist nicht wichtig, ob das übermorgen möglich ist. Es genügt, daß Wissenschaftler beginnen, den Menschen als Projekt zu betrachten, das man verbessern kann. Dieser Prozeß ist bei Pflanzen und Tieren im Gange.

Der Mensch verläßt die Räume, in denen er in religiösen oder in sozialen Netzen Halt fand. Er betritt neue Welten, in denen er zum biologischen Planungsprojekt wird. Der Mensch ist nicht mehr zu erklären oder zu sozialisieren, wie Freud, Marx und ganze moderne Generationen geglaubt haben. Das Individuum war ein metaphysischer Rest, der nach der Liquidierung Gottes und der Familie geblieben war. Eine Wahnvorstellung, die ersetzt wird durch den realistischen Blick auf eine Zellenzusammenrottung: fehlerhaft, anfällig, kurzlebig. Das muß anders werden: Der Mensch wird machbar. Die Schöpfungsgeschichte – zweiter Teil. In der Rolle des Schöpfers: der Mann im weißen Kittel.

## Auskehr: Ein Jahrtausend wird verabschiedet

Wenn in einigen Jahrtausenden Archäologen die Kultur des ausgehenden 2. Jahrtausends ausgraben, dann werden sie ein Leitfossil finden, das eine Wende markiert, so tief wie der Übergang von der Steinzeit zur Eisenzeit.

Das Leitfossil besteht aus verschiedenartigen Kunststoffen, hat kleine Knöpfchen oder Tastaturen und benötigt ein Antriebsaggregat. Ein anderes, älteres Leitfossil, das lange kulturprägend war, hatte aus Papier bestanden. Ursprünglich (als Handschrift) ein kostbares Unikat, gelang es im 15. Jahrhundert, aus dem Unikat ein Massenprodukt zu machen. Am Ende des 20. Jahrhunderts wurden Milliarden »Bücher« gedruckt und gekauft, aber sie standen wie bleierne Kulturdenkmäler herum, für die sich niemand mehr wirklich interessierte.

Das Buch verschwand aus den Wohnungen wie das Bücherregal aus den Designershops, weil es für die Elite als Demonstrationsobjekt zunehmend an Interessantheit verlor. Das Buch wurde immer deutlicher mit Rückwärtsgewandtheit und Immobilität assoziiert. Schließlich war es nicht mehr zu retten und wurde wie die Dampflok ein kultureller Oldtimer. Die Diffusion von Informationen und neuen Erkenntnissen war ohnehin schon längst in andere Medien abgewandert: Neuigkeiten verbreiteten sich auf Kongressen oder Bildschirmen, nicht mehr in dem langsamen, behäbigen Metier des Buches.

Das neue Leitfossil, das die Archäologen in der Ausgrabungsschicht seit dem 3. Jahrtausend fanden, war dem Buch in der Form zunächst sehr ähnlich. Der Game Boy, das Mobiltelefon, der Walkman, der Discman, der Taschenrechner und – als Foliant unter diesen Leitfossilen – der Laptop, der tragbare PC, das Video-, das Faxgerät.

In gewisser Weise schien den Archäologen dieses neue Leitfossil nur eine Modernisierung, eine Verpuppung des alten zu sein. Es befriedigte ebenso Bedürfnisse nach Information, Unterhaltung, Kommunikation. In der Übergangszeit finden sich verschämte Maskeraden: Videokassetten wurden wie Bücher eingebunden, mit Rückentitel versehen und in die ausgebrauchten Bücherborde gestellt. Das Neue verkleidete sich. In den USA fanden die Archäologen die Nationale Genbibliothek: Sie wurde seit 1989 aufgebaut und enthielt nicht Bücher, sondern Mikroben.

Das neue Leitfossil aber ist nur ein Signal für einen Umsturz, den die modernen Gesellschaften am Ende des 20. Jahrhunderts erleben. Vom Buch zum Bild geht der Weg. Vom Papier, das man anfassen kann, zum elektronischen Impuls, der sich nicht faßbar und unstofflich in Bilder oder Klänge umsetzt.

Mit dem Buch verschwindet auch der Autor – ebenso wie der Künstler. Das Dreieck Autor–Buch–Leser stammt aus der Steinzeit der Mediengesellschaft. Es ist zweidimensional, autoritär, hierarchisch. An die Stelle tritt Cyberspace: ein mit Bildern, Informationen und Wörtern gefüllter Raum, in dem sich die Grenzen zwischen Mensch und Maschine auflösen. Scheinräume, in denen man spazieren oder fliegen, in denen man sich in Gestalt eines Hummers oder eines Dinosauriers bewegen kann. Auf der art-Kunstausstellung in Frankfurt 1991 waren solche Cyberspace-Arrangements installiert: Der Betrachter steuert durch Körperbewegungen Laserbilder und schafft so das, was er betrachtet, selber. Wer ist da Erzeuger und wer Verbraucher von Kunst? Oder der Besucher sitzt in einem Sessel, der in jeder Richtung durch Körperdruck verstellbar ist. Auf einem riesigen Bildschirm vor ihm werden Räume geschaffen, die der Betrachter zu betreten scheint. Vom Künstler, der ein Bild schafft, geht der Weg zur Videoinstallation, in der der Betrachter, der Kunstkonsument, zum Erzeuger wird. Werbung und Videoclips, das sind die Massenromane der Informationsgesellschaft – und sie haben keinen Autor, sondern sind Produkte von Agenturen. Während das Individuum, der Autor, der Künstler vor unseren Augen verschwinden, füllen sich unsere Augen mit den Bildern der Medienkultur, die von Kollektiven erzeugt, in Maschinen gespeichert und wieder kollektiv konsumiert werden. In Zukunft werden die Menschen in simulierten Welten reisen, arbeiten, sich unterhalten. Fernsehapparat und CD-Player sind die Vorzeitgeräte des Medienzeitalters. In der Epoche von Cyberspace, die gerade beginnt, verläßt der Mensch die sozialen, die realen Räume. Bald werden wir zum Mars reisen, ohne den heimatlichen Herd zu verlassen. Ärzte werden in unserem simulierten Hirn spazierengehen, um den Tumor vor der Operation zu besichtigen. Abends kann man sich – mit Laserkanone bewaffnet – persönlich in den Krieg der Sterne einmischen. Das sind die neuen Räume, die wir im Begriff sind zu betreten.

Das Buch bleibt allenfalls als Trockenbildschirm – als stehendes Bild. Zuerst haben wir vor dem Bildschirm gesessen. Haben Knöpfe bedient. Die neuesten Softwareprogramme öffnen uns »Fenster«. In die kann eingestiegen werden. Wohin? In die Welt dahinter? Es wird uns gehen wie Alice im Wunderland. Wir folgen dem weißen Kaninchen und werden uns in einer anderen Welt wiederfinden. Noch sitzen wir vor dem Bildschirm, aber mit einem Bein treten wir schon in die vieldimensionale Welt, die sich hinter dem Bildschirm auftut. Die Geschichte vom Ende des Individuums beginnt vor dem Bildschirm. Das gute alte Buch und das gute alte Individuum treten gemeinsam ab.

Mit dem Buch verschwindet ein Weltanschauungskontinent: Das abendländische Atlantis geht unter. Die Idee Gottes und die Institution Familie – um die beiden wichtigsten Pfeiler zu nennen – brechen nacheinander im 19. und im 20. Jahrhundert zusammen. Eine Sinn- und Sozialwüste breitet sich anstelle der alten Ideen und Institutionen aus. In dieser geistigen Sahelzone sitzt nun zu seiner Überraschung ein Individuum ohne Sinn- und Sozialbindungen. Das einzige, was da bleibt, heißt »Selbstverwirklichung«. Und das heißt, daß dieses losgelöste Individuum in seiner Wüste wiederum nur sich selbst begegnet. Wie wird dieser Mensch aber damit fertig, daß alle Schutzmäntel abgelegt sind und er nackt wie einst im Paradies in einer postmodernen Mondlandschaft sitzt? Ist die Versuchung nicht groß, zur nächsten Oase zu flüchten?

Diese Oase bieten die Menschenzüchter. Sie zeigen denen, die nackt in der Wüste sitzen, noch einmal einen Baum der Erkenntnis. Die mikrobiologische Religion verspricht das Paradies auf Erden, verspricht den fehlerfreien Menschen. Nachdem alle religiösen und sozialen Schutzhütten der Menschen niedergebrannt sind, kommt von dort noch einmal ein Heilsversprechen: Jetzt machen wir den neuen Menschen selbst! Schluß mit der Fehlersuche in uns. Schluß mit der Kette von Erziehungs- und Sozialisationskonzepten. Schluß mit der selbstquälerischen Frage, ob wir unseren Kindern die richtige Erziehung zuteil werden lassen. Schluß mit der Erklärung von Fehlverhalten aus dem Milieu. Schluß mit der therapeutischen Inspektion. Schluß mit der sozialen Religion. Es geht nicht darum, den Menschen zu interpretieren oder zu verändern, sondern ihn zu machen. Und zwar nicht mit dem altbackenen Instrumentarium der Psychologie, der Pädagogik oder der Soziologie. Die neue Antwort gibt das Labor.

Vierter internationaler Kongreß des Fachverbandes Sucht in Heidelberg im Mai 1991. Aufgrund neuerer Forschungsergebnisse hat der Vorsitzende des Verbandes, Lothar Schmidt, dazu aufgerufen, von dem Vorurteil Abschied zu nehmen, Alkohol- und Drogenabhängige seien willens- oder charakterschwach. Es sei nicht mehr zu leugnen, so Schmidt, daß es eine »erblich bedingte Anlage« für Suchtverhalten gebe. Chronisch Alkohol- oder Drogenabhängige litten unter einem angeborenen Defizit an Endorphinen, also körpereigenen Stoffen, die schmerzstillend und stimmungsaufheiternd wirken. Der Süchtige benötige das Suchtmittel, um diesen Mangel auszugleichen. Nur so sei zu erklären, warum manche Menschen vom ersten Glas an süchtig sind und andere ein Vielfaches davon trinken, ohne jemals abhängig zu werden. Der amerikanische Pharmakologe und Genetiker Kenneth Blum gibt auf dem Kongreß bekannt, daß die Forschungen zur Lokalisierung eines Gens, das für das angeborene Endorphindefizit »verantwortlich« sei, kurz vor dem Abschluß stünden. In entsprechend kurzer Zeit werde es möglich sein, ein Medikament auf genetischer Grundlage zu produzieren, das die Endorphinaufnahme beim Menschen verlängern könne. Blum hatte das Gehirngewebe von siebzig Toten untersucht und bei 77 Prozent eine Veränderung des Gens für den Neurotransmitter Dopamin D2 gefunden. Es stellte sich heraus, daß diese Proben von ehemaligen Alkoholikern stammten. Werden die Suchtkrankenhäuser also durch Genkorrekturkliniken ersetzt werden?

Nach Überzeugung des Herausgebers der Zeitschrift »Science Magazine«, Daniel Koshland, ist sogar Kriminalität genetisch bedingt. Am Beispiel eines Amokläufers, der im Oktober 1990 in einer kalifornischen Gaststätte Geiseln nahm, eine davon tötete und mehrere schwer verletzte, erläutert er: Bisher habe die Gesellschaft auf solches Verhalten mit der »gründlichen Analyse der Kindheit« der Täter reagiert. Jetzt aber – so Koshland – sei es an der Zeit zu erkennen, »daß das Gehirn ein Organ wie andere Organe ist ... das nicht nur wegen Mißbrauchs fehlfunktionieren kann, sondern auch wegen vererbbarer Defekte, die mit Umwelteinflüssen nicht das geringste zu tun haben«. Die Milieutheoretiker sind aus dieser Sicht Symptomkurierer. Umwelteinflüsse: Das ist – so wollen uns die Koshlands beibringen – der altmodische Standpunkt.

Lesen kann man ebenfalls, daß Obdachlosigkeit und Homosexualität eine genetisch bedingte Angelegenheit sind: Und bei Krankheiten besteht da offenbar – aus der Sicht der Genforscher – rundum kaum noch Zweifel. Amerikanische

Forscher haben ein Gen identifiziert, das eine wichtige Rolle bei der Einschleusung krebserregender Chemikalien in die Zelle und damit bei der Bildung von Krebs spielt. Das Gen heißt ARNT.

Mit unglaublicher Geschwindigkeit gewinnt das neue Deutungsmuster an Boden. Man drückt auf den Fernsehknopf, und wie heißt der Film, der gezeigt wird? »Liebe – eine Sache der Gene«. Man schlägt im Zug ein Frankfurter Szenenmagazin auf und liest: »Die Dominanz der Gene ist stärker, als es sich die aufgeklärten Geister der Neuzeit gewünscht haben.« Den Beweis dafür liefert nach Meinung von »Journal Frankfurt« die Zwillingsforschung. Die Untersuchung von hundert getrennt lebenden eineiigen Zwillingen zeigt: »Die meisten Doppelgeschwister bevorzugten die gleiche Biersorte, gaben den Hunden den gleichen Namen und trugen Schnurrbärte des gleichen Schnitts. Genbausteine verbinden eben meilenweit.«

Der Mann, der ein Zwillingstreffen in Frankfurt organisiert, Tobias Angert, beschäftigt sich mit der »Genetik der Emotionen«. Selbst das Angstpotential – so sagt er – ist bei Menschen bis zu 80 Prozent angeboren. »Wir müssen erst einmal schauen, wie groß die Chancen eines Individuums überhaupt sind, lernen zu können und intelligent zu sein«, sagt der Psychologe Galley bei der Zusammenkunft der Zwillinge in Frankfurt. Die Gentheorie kreist den Menschen ein. Das verunsichernde, chaotische Sozialmodell wird zu den Akten gelegt.

Es gibt einen Bereich, in dem die Genforschung imstande sein wird, jeden kritischen Einwand beiseite zu fegen: wenn es ihr gelingt, in der Aidsforschung einen Durchbruch zu erzielen. Am Anfang war die Aidsepidemie von dem Verdacht begleitet, es handele sich um einen mutierten Virus, der aus einem Genlabor entschlüpft sei. Im Juni 1991 fand in Florenz eine weltweite Aidskonferenz statt. Robert Gallo, führender amerikanischer Aidsexperte, versprach: In drei Jahren wird eine genetische Therapie entwickelt sein, die auf lange Sicht sogar Heilung bringen kann. Allein das Versprechen dürfte reichen, um finanzielle und gesetzliche Barrieren zu beseitigen, mit der die Genforschung sich bisher noch herumschlagen muß.

Die Sozialwissenschaft hat am Anfang des Jahrhunderts mit der Untersuchung des französischen Soziologen Emil Durkheim über den Selbstmord und seine gesellschaftlichen Ursachen einen Durchbruch erzielt. Das kann alles zurückgenommen werden, wenn die Neurobiologen Anat Bieton und Ruth Gross-Iserow aus New York recht haben. Sie untersuchten die Gehirne von zwölf Selbstmördern und von zwölf »normal« gestorbenen Menschen. Im Gehirn der durch Selbstmord Umgekommenen fanden die beiden bis zu neunmal so viele Rezeptoren für sogenannte Endorphine wie in der Kontrollgruppe. Endorphine sind opiumähnliche Stoffe, die im Körper produziert werden. (s. Seite 18.) Sie dämpfen Schmerz oder lösen euphorische Gefühle aus. Man habe schon früher beobachtet – so sagen die beiden –, »daß depressive Menschen einerseits sehr viel schmerzempfindlicher und andererseits weniger empfänglich für Glücksgefühle« seien.

Wir sind konfrontiert mit einer Revolution, die unsere alten Deutungsmuster außer Kraft setzen: Jahrelang haben uns zum Beispiel die Drogenberater eingehämmert, daß es allein der Wille zur Selbstbefreiung sei, der den Abschied von der Sucht erlaube. Milliarden sind investiert worden, um Kliniken zu unterhalten, in denen Therapeuten an der Seele der Klienten herumdoktern. Und nun ist mit einemmal ein Gen »verantwortlich«. Vorläufig bleibt dem Beobachter angesichts dieses Argumentes ja nur eine Glaubensentscheidung. Gibt es das Drogengen – oder ist der Süchtige für seine Sucht verantwortlich? Haben die Genetiker recht, dann gibt es nur eine Antwort auf Sucht: Genoperation. Haben die Milieutheoretiker recht, dann liegt das Heil in der Gesprächstherapie. Wie in den letzten Jahren die Milieutheorie geherrscht hat (die Familie oder die gesellschaftlichen Umstände sind schuld), wird gegenwärtig die beginnende Herrschaft des neuen, des biologischen Denkmusters sichtbar.

Abweichendes Verhalten von Menschen wurde im Verlauf der Geschichte verschieden behandelt. Am Anfang wurde den Kriminellen der Kopf abgeschlagen. Für gefährliche Verrückte gab es die Schlangengrube. Dann werden die Instrumente der Disziplinierung allmählich weniger blutrünstig: Für die Kriminellen wird das Zuchthaus entwickelt, für die Verrückten die Psychiatrie. Das 20. Jahrhundert hat es mit der Psychotherapie versucht. Resozialisierung für die Kriminellen und Drogensüchtigen, vielfältige Therapien für die Verrückten. Die Mittel der Normalisierung sind also ganz unblutig und sehr penetrant geworden. Sie zielen nicht mehr auf die Ordnung des Körpers, sondern auf die Regulierung der Seele. Und jetzt kommt – mit der mikrobiologischen Revolution – eine eigenartige Fortsetzung in der Entwicklung, die vom Schwert des Henkers zur Couch des Therapeuten geführt hat. Nicht mehr ein Vergehen gegen Gottes Gesetz wie anfänglich, nicht mehr ein Vergehen gegen die Regeln der Gesellschaft ist die Abweichung (ob sie nun Krankheit, Straftat, Homosexualität, Sucht oder Obdachlosigkeit heißt): Sie soll im Individuum biologisch verankert sein. Und diese Abweichung kann man ausmerzen, wenn erst einmal die Standorte aller Gene geklärt sind. Und natürlich sollen nicht nur die Auffälligkeiten wie Mord, Krebs oder Magersucht genetisch bedingt sein. Schier alles kann auf der menschlichen Genomkarte verortet werden: die Liebe wie der Haß, die Haarfarbe wie die Körpergröße, die Lebensdauer wie das Temperament. Die Gentechnologie verspricht nicht mehr und nicht weniger als die Zigeunerin, die in der Hand das Schicksal liest: alles über die Vergangenheit, die Gegenwart und die Zukunft.

1991 verabschiedete die EG-Kommission ein internes Strategiepapier zur Biotechnologie. Die Wettbewerbsfähigkeit Europas stünde auf dem Spiel, wenn der Gentechnologie zu viele Schwierigkeiten gemacht würden. Erleichterungen sind geplant. So soll es künftig vor allem Patente auch auf Lebewesen geben. Das war bisher verboten. Patente also auf geklonte Pflanzen (das sind identische Kopien); Patente auch auf gentechnisch verbesserte Nutztiere (größer, länger, magerer usw.). Die Kartoffel, die gegen Pestizide resistent ist, gibt's schon. Die Turbokuh, die 25 Prozent mehr Milch gibt, auch. Und wann darf mit dem Turbomenschen gerechnet werden? In dem Papier wird vorgeschlagen, daß Experimente mit menschlichen Föten jeweils einer Moralkommission zur Entscheidung vorgelegt werden sollen.

Die Bibel behauptet, daß der Mensch vom Baum der Erkenntnis gegessen habe und daß seitdem jeder Mensch wisse, was gut und was böse sei. Der EG-Kommission geht das zu weit. Moral, so sagt sie uns, sei eine Angelegenheit von Experten. Aber richtig aufregend wird das Papier am Schluß. Patente auf Menschen – so heißt es – würde wohl jeder zurückweisen. Doch wann haben sich Wissenschaftler je ein Experiment oder ein Geschäft entgehen lassen? Die Mitteilung schließt auch die Feststellung ein, daß es die Möglichkeit, den Menschen zu verändern, zu manipulieren, zu züchten, gibt oder geben wird. Es ist kaum anzunehmen, daß die Laborsüchtigen sich durch moralische Appelle oder Verbote an der Menschenzüchtung hindern lassen. Irgendeinen legalisierten Schlupfwinkel wird es für die Experimente immer geben. Die Turbokuh ist schon machbar, es gibt schon die patentierte Maus, und der Weg zum Turbomenschen ist schon eingeschlagen. Es muß ja nicht gleich ein

Klon, also eine Kopie, sein oder eine Schimäre (eine Kreuzung aus Mensch und Tier. Das Schwein, das mit Kuhgenen manipuliert wurde, gibt es schon!). Beginnen wird man mit dem heroischen Kampf gegen alte Erbkrankheiten. Danach folgt die Beeinflussung des Geschlechts des Embryonen oder seiner Augenfarbe oder seiner Körpergröße. In Indien machen Ärzte große Geschäfte mit der Aussortierung weiblicher Föten. Das läßt sich ausbauen und zeigt die geschäftlichen Möglichkeiten. Gerade ist es gelungen, einem Mädchen mit Zwergenwuchs mikrobiologisch zu nachträglichem Wachstum zu verhelfen.

Wer jedoch würde schon seine Nachkommenschaft gentechnologisch manipulieren? Wer will schon Frankenstein-Experimente in der eigenen Familie?

Der »Spiegel« berichtet: Immer häufiger investieren gewinnorientierte Eltern für ihre Kinder in eine Zukunft als Tennisstar. Die Investitionen belaufen sich im Jahr leicht auf 100 000 DM für die Ausbildung. Als Boris Becker zum erstenmal in Wimbledon gewann, hatten sich seine Ausbildungskosten bereits auf eine Million DM summiert. Der deutsche Tennislehrer Haas hat damit begonnen, Aktien für seine Kinder, die Tennisstars werden sollen, auszugeben. Anleger können ihre 50 000-DM-Investition sogar als Verlustzuweisung steuerlich abschreiben.

Würden Eltern solcher Tennishoffnungen nein sagen, wenn durch die Gentechnologie ihre Kinder einen – sagen wir – 5 cm längeren Idealtennisarm bekämen? Wer sieht, daß der Einsatz von Anabolika im Sport immer wieder entlarvt wird (und die hinterlassen auch dauerhafte Veränderungen), wer sieht, daß Eltern ihren Kindern zur Förderung schulischer Leistungen Tabletten verabreichen – der wird nicht zweifeln, daß Eltern ihre Kinder auch gentechnologisch umrüsten lassen würden. Es wäre ja schließlich zu ihrem Besten! Und wenn der Mythos der Moderne – »Die Menschen sind gleich« – erst einmal aufgehoben ist, dann beginnt der Wettlauf um die Nachbesserung.

Die Demoskopen, diese Prostituierten der Datengesellschaft, haben in den USA bereits nachgefragt. 44 Prozent aller Eltern würden es begrüßen, wenn sie durch eine Gentherapie die körperliche Gestalt oder die Intelligenz ihrer Kinder verbessern könnten.

Behält Kierkegaard, der dänische Philosoph, recht, der gesagt hat, »alles Verderben wird zuletzt von den Naturwissenschaften kommen«? Es spricht vieles dafür, daß die Naturwissenschaften, dieses raffinierteste menschliche Werkzeug, eine Gefahr für den Fortbestand der Menschheit sein werden. Pest und Cholera waren Bedrohungen, die »von unten« kamen: von Ratten, fahrenden Gauklern, aus verseuchtem Wasser oder aus Armensiedlungen. Die Gefahren, die von High-Tech-Labors ausgehen, sind so unsichtbar wie Viren. So unsichtbar wie die Gefahren, die von Harrisburg und Tschernobyl ausgingen.

Die endgültige Ausrottung droht heute »von oben«. Von denen, die sich als »Retter der Menschen« aufspielen und in atemberaubender Kompetenz menschengefährdende Erfindungen produzieren und freisetzen.

Oder sind das die Argumente von Angsthasen, die sich vor der schönen, neuen Welt verstecken? Wir können die Gene wie Abschnitte einer Partitur neu arrangieren, heißt es. Wir können Volkskrankheiten besiegen, heißt es. Wir können Behinderungen ausschließen, heißt es. Wir können Mensch und Tier neu komponieren, heißt es. Wird der Mensch zum Rohstoff für Menschendesigner?

# Höllenfahrt

## Das Individuum fällt aus dem Nest

# Götterdämmerung

## Ewig in Eis und Stanniol?

Sie sind in silberglänzende Folien eingewickelt wie Mumien, ihr Sarg ist die Gefriertruhe: die Gemeinde der Tiefgefrorenen in Amerika. Ganze Familien haben sich schon nach ihrem Tode einfrieren lassen. Dort in der Kälte wollen sie warten, bis es der Medizin gelungen ist, sie von den Krankheiten, an denen sie gestorben sind, zu heilen. Das Familiengrab, das Mausoleum, ist zu einer Ansammlung von Tiefkühltruhen geworden. So wie die Pharaonen einst ihre Diener mit sich in das Pyramidengrab genommen haben, so erheben die Eingefrorenen heute auch jenseits ihres Todes noch Anspruch auf den wichtigsten Diener des modernen Menschen: auf die Steckdose, aus der sie weiterhin hilfreiche Energie beziehen. Ob dieses Unternehmen »Vereisung« zum Scheitern verurteilt ist oder doch Aussichten hat: Es ist der Griff nach dem ewigen Leben.

Ein unheimlicher Gedanke: Der Mensch greift nach den Früchten vom Baum des ewigen Lebens. Ein zweiter, ein endgültiger Sündenfall? Der Schöpfungsbericht erzählt, daß zwei Bäume im Paradies gestanden haben, deren Früchte dem Menschen verboten waren: der Baum des ewigen Lebens und der Baum der Erkenntnis des Guten und des Bösen. Die Schlange verführt Eva dazu, die Frucht vom Baum der Erkenntnis zu pflücken (mit der Verlockung: »Ihr werdet sein wie Gott«). Gott vertreibt den Menschen aus dem Paradies, »daß er nun nicht seine Hand ausstrecke und auch von dem Baum des Lebens breche und ewig lebe!«.

»Und er vertrieb den Menschen und ließ östlich vom Garten Eden die Cherube sich lagern und die Flamme des zukkenden Schwertes den Weg zum Baume des Lebens zu bewachen.« Fast sieht es so aus, als wenn gegenwärtig die Menschen dabei sind, die Früchte vom Baum der Erkenntnis des Guten und Bösen zurückzugeben, um sie gegen die Früchte vom Baum des ewigen Lebens einzutauschen.

Am Ende des 20. Jahrhunderts beginnen die Grenzen zwischen gut und böse zu verschwimmen. Beispiel: In Zaire soll eine Straße durch eine Landschaft gelegt werden, die den Lebensraum der letzten vierhundert Flachlandgorillas zerstören wird. Für die abgeschnittenen Menschen in Ostzaire bedeutet diese Straße Aussicht auf Verbesserung ihrer elenden Lebensbedingungen. Die Bewohner drohen, die Gorillas abzuschießen, wenn die Straße nicht gebaut werde. Oder: In Zimbabwe sind große Teile des Landes als Tierreservate geschützt. Das Land erlebt eine Bevölkerungsexplosion. Immer mehr Bewohner fordern, daß die Reservate in Farmland umgewandelt werden, um Hungerkatastrophen abzuwenden.

Der Rückblick aus dem nächsten Jahrtausend auf das 20. Jahrhundert wird die Beurteilungskategorien »gut« und »böse« als moralische Faustkeile abtun. Entscheidungen werden errechnet werden und vom Drucker ausgeworfen, nachdem der Computer mit Daten gefüttert ist. Es wird berechnet, wo der maximale Nutzen und der minimale Schaden ist. Und die Menschen werden sich ihren Apparaten anpassen. Sie werden auf Zeichen reagieren, Nutzen und Schaden kalkulieren und dementsprechend entscheiden. Voltaire (»Gott schreibt sich in das Herz selbst ein«), Kant (»Der gestirnte Himmel über mir und das moralische Gesetz in mir«), Sartre (»Wer nicht weiß, was gut und was böse ist, ist kein Mensch«) – sie werden schon jetzt als Illusionisten entlarvt. »Daß moralische Gebote zum Bestand der Vernunft gehören, ist überholt« (Horkheimer). Der Wunsch, der kategorische Imperativ möge sich in jedem denkenden Wesen vorfinden, ist blanke Illusion. Das ist eine Tradition des Abendlandes, die mit diesem Abendland ihre Evidenz verliert. Ist Moral künftig der Kombinatorik von Rechnern zu überlassen? Die einzige Autorität, die das Ende des 20. Jahrhunderts noch kennt, ist die Autorität der Naturwissenschaft. Und aus ihr – statt aus der Theologie oder der Philosophie – werden Entscheidungsrichtlinien abgeleitet. Der Moralist mit seinem kategorischen Imperativ wird schon bald den Zeugen Jehovas mit dem Wachturm auf dem Bahnhofsvorplatz ähneln. Moral wird eine Rechen- und Verwaltungsaufgabe. Wenn wir die Frucht vom Baum der Erkenntnis zurückgeben ... vielleicht ist das ein noch schwererer Sündenfall als der, die Frucht zu pflücken?

Ob das Geheimnis des Lebens entschlüsselt ist, wenn die Gene erst einmal alle kartiert sind, ist fraglich. Aber die Menschen haben angefangen, Lebewesen neu zu konstruieren und umzubauen. Es ist damit begonnen worden, die Schöpfungsgeschichte neu zu schreiben. Noch sind es Bakterien und Mäuse, die umkonstruiert werden, die patentiert und geklont werden – die Menschen werden nicht verschont bleiben. Doch das ist noch nicht das ewige Leben. Aus den Vereinigten Staaten wird von einem Prozeß berichtet: Aus dem gentechnisch modifizierten lebenden Gewebe eines Kranken wird ein Medikament entwickelt. Der Prozeß beschäftigt sich mit der Frage, ob der Mann bzw. seine Erben Anspruch auf das ihm entnommene lebende Gewebe haben. Das Gewebe dieses Mannes lebt weiter, und die Arzneimittelfirma bezieht aus ihm beträchtliche Gewinne. Es gibt keine Grenze für dieses lebende Gewebe. Ist das die erste Frucht vom Baum des ewigen Lebens?

Die Verlängerung des Lebens wird nicht vom Herrscher des Himmels, sondern von der Wissenschaft erwartet. Die

»Vereisten« von Kalifornien, die ihre Wiederauferstehung erwarten, warten nicht auf das Jüngste Gericht, sondern auf den Fortschritt der Wissenschaft. Es ist die endgültige Abschaffung der Religion, aber auch ein Stück heimlicher Wiederauferstehung der Religion. Das Jenseits liegt im Labor, das morgen das Rätsel des Lebens endgültig gelöst haben wird. Das Morgen ist nicht der Ort für bessere Welten. Die Vereisten versuchen, das Morgen zu leugnen. Sie beabsichtigen, die Zukunft als Ort der Vergänglichkeit abzuschaffen und ihr Leben auf Dauer zu stellen. Sie wollen den Platz einnehmen, der eigentlich den kommenden Generationen gehört. Das Lästerliche an den Vereisten ist die Tatsache, daß sie kommende Generationen für überflüssig erklären. Die Vereisten wollen die ewig jungen Götter sein. Götter brauchen keine Kinder für die Fortsetzung ihres Lebens. Götter sind die dauerhaften Herrscher der Welt. Das ist das geheime Programm der Vereisten. Und darin sind sie eine asoziale Avantgarde. Die »vereisten« Amerikaner mögen verrückt sein – aber sie bringen die geheimen Wünsche der radikalen Individuen am Ende des 20. Jahrhunderts auf den Begriff: den Wunsch, die eigene Individualität auf Dauer zu stellen, den Tod wissenschaftlich zu überlisten und allen nachkommenden Generationen den Weg ins Leben abzuschneiden.

Los Angeles, am 2. Mai 1990. Ein amerikanischer Mathematiker kämpft vor dem Gericht von Santa Barbara in Kalifornien um das Recht, seinen Kopf bereits vor Eintreten seines natürlichen Todes einfrieren zu lassen. Thomas Donaldson, der an einem Gehirntumor leidet, will mit diesem Schritt seine Chancen auf eine Heilung nach einer Wiederbelebung erhöhen. Donaldson sagt, er wolle bereits jetzt seinen Kopf abtrennen lassen. Der Kopf solle dann so lange tiefgekühlt werden, bis die Forschung zur Heilung seines Krebsleidens in der Lage sei. Sodann solle sein Haupt auf einen neuen Körper aufgepflanzt werden.

An der Geschichte berührt vieles merkwürdig: Wieso läßt Donaldson gerade seinen Gehirntumor einfrieren, während der offenbar ansonsten gesunde Körper als Abfall betrachtet wird? Für ihn ist ganz unzweideutig das Gehirn der Sitz seiner Persönlichkeit, nicht das Herz und schon gar nicht die Seele. Der Körper ist nur ein Anhängsel des im Gehirn seßhaften Ich.

Wahrscheinlich sind die Gefrierbegeisterten Verrückte. Aber diese Verrückten bringen die Phantasien der Spätmoderne auf den Begriff: Stillstand der Geschichte, weil Nachkommen überflüssig sind, und ewiges Maschinenleben für die aus dem Eis auferstandenen Technogötter.

In früheren Zeiten gab es ein Empfinden dafür, daß irgendwann der kommenden Generation der Platz zu räumen sei: bis hin zum grausigen Ritual der feierlichen Tötung der Alten. So zum Beispiel in Japan, wo es Totenberge gab, auf die die Altgewordenen von ihren Kindern getragen wurden, um dort zu sterben. Wer den Zeitpunkt zu gehen versäumte, wurde von den Enkeln verspottet und zum Gehen aufgefordert. Und die Tötung des altgewordenen Königs ist in Afrika eine verbreitete Tradition gewesen: Das erste graue Haar, der erste verlorene Zahn konnte den Auftakt zur mörderischen Jagd bedeuten.

Es gab einen engen Zusammenhang zwischen den Toten und den Lebenden. Im Ahnenkult, der frühesten Form der Religion, war dieser Zusammenhang überdeutlich: Die Ahnen waren es, die als Geister in das Leben der auf Erden Weilenden eingreifen konnten. Manche Völker bewahren die mumifizierten Ahnen in ihren Häusern auf, andere sammeln die Gebeine in Gefäßen, die bei den Lebenden bleiben. (Die Gefriertruhe ist eine eigentümliche Variante davon.)

Lebende und Tote bildeten eine enge Gemeinschaft. Der Mathematiker Donaldson markiert einen Endpunkt: den Endpunkt einer langen Verabschiedung des Individuums aus kollektiven Einbindungen. Wir wissen wenig über menschliches Empfinden in vorgeschichtlichen Zeiten. Aber so viel scheint klar zu sein: daß Fühlen, Denken und Leben des Individuums eingehüllt waren in die Gemeinschaft des Stammes, der Gruppe oder der Verwandtschaft.

Es ist etwa einhundert Jahre her: Zwei Schwarzfuß-Indianer liefen ihrer Kriegergruppe voraus, als sie zwei Mädchen bemerkten. Sie näherten sich den beiden und stellten fest, daß es zwei vermißte Mädchen ihres Stammes waren. Als die Mädchen die Krieger wahrnahmen, machten sie ihnen Zeichen, sich zu bücken und neben ihnen zu gehen. Halb kriechend hielten sich die Männer neben den Mädchen, die von den Cree-Indianern gefangen worden waren. Die etwa siebzig Krieger – so berichteten die Mädchen – seien in geringer Entfernung vor ihnen damit beschäftigt, das Nachtlager aufzuschlagen. Die Mädchen erzählten, sie müßten bis in die tiefe Nacht die Schneeschuhe der Krieger säubern und trocknen. Die Schwarzfuß-Krieger gaben ihnen den Auftrag, die Schuhe näher ans Feuer zu halten, so daß sie bis zum Auseinanderbrechen versengt würden. Dann sollten sie die Paare verwechseln: »Bindet je einen großen mit einem kleinen Schneeschuh zusammen.«

Am folgenden Morgen krochen die Schwarzfuß-Indianer dicht an das Lager der Cree – bei den ersten Strahlen der Morgendämmerung fielen sie über die Cree her. Die verwirrten Cree saßen im Schnee, vergebens bemüht, einen großen und einen kleinen Schneeschuh anzuziehen. So wurden viele im Sitzen erschlagen. Andere brachten schließlich ihre Schuhe an die Füße und brachen das Holz durch, sobald sie auftraten. An ihren Füßen baumelten zwei schwere Holzklötze. Einer nach dem anderen wurde getötet. Einen Knaben ließ man am Leben und schickte ihn zu seinen Leuten, damit er die Geschichte des Kampfes erzähle.

Nur ein Krieger der Schwarzfuß-Indianer war verletzt.

Die große Sehne am Fußgelenk war ihm zerschnitten worden, er konnte nicht mehr gehen. Einige Tage humpelte er – die Arme um den Hals zweier Männer geschlungen – mit. Er fühlte sich als Hindernis für die anderen und bat, ihn zum Sterben zurückzulassen. Er sagte, sie sollten ihn auf einem Scheiterhaufen verbrennen. Die Männer weigerten sich und beteuerten, es wäre keine Last, ihn zurück zu den Seinen zu tragen.

Schließlich bat er den Trupp, haltzumachen, damit er mit ihnen reden könne. Seine Rede:

> »Brüder, unsere Nahrung wird knapp werden, ehe wir aus den Bergen herauskommen. Wir haben allerlei Schweres erlitten und müssen noch viele Meilen wandern. Wenn wir uns nicht beeilen, hier herauszukommen, werden vielleicht die Cree in großer Zahl auf uns stoßen und Rache suchen – manche von uns werden dann vielleicht sterben. Warum laßt ihr mich das Leben der anderen gefährden? Ich werde gern sterben als einziges Opfer für die vielen Feinde, die wir töteten. Ich flehe euch an, macht ein Feuer, und laßt mich wie einen Krieger sterben, auf daß unser schöner Erfolg nur ein einziges Leben kosten möge.«

Nach langem Hin und Her begannen die Krieger schließlich, Baumstämme zu sammeln und einen Scheiterhaufen zu schichten. In die Mitte des Holzstoßes legten sie trockenes Reisig und baten schließlich Felsendonner seinen Platz einzunehmen.

Wortlos erklomm Felsendonner die Baumstämme und setzte mit dem eigenen Flintstein das Reisig in Brand. Dann – so berichtete Häuptling Büffelkind in seinen Lebenserinnerungen – stimmte er sein Sterbelied an, während aus dem Rauch langsam Flammen aufzüngelten.

»Er saß und schaute weit hinaus über die Berge nach der Stelle, wo wir unseren Sieg erfochten hatten. Einmal wischte er sich mit dem Handrücken den Schweiß von der Stirn – sonst blieb er bewegungslos – und das hatte er nur getan, damit ihm der Schweiß nicht in die Augen lief.«

Als die Flammen höher stiegen, sang er mit zunehmender Kraft, als die Feuerzungen seinen Körper erreichten, wickelte er den Mantel um den Kopf und starb.

Donaldson im Eis und Felsendonner im Feuer – das ist das Gegenüber von radikalem egozentrischem Individualismus und radikaler Einbindung in Gemeinschaft. Der eine stirbt, um alle zu überleben, der andere stirbt, um andere überleben zu lassen.

Wenn alle Religion weggestorben ist, wenn auch die Überzeugung ausgebrannt ist, daß böse und gut unterscheidbar sind, weil sie außerhalb des Augenblicks und der augenblicklichen Handlung existieren – dann drängen die Donaldsons in den Vordergrund mit dem Motto: Leben um jeden Preis. Felsendonner kann sterben, weil er in seinem Stamm aufgehoben ist, weil es etwas gibt, das ein Mehr ist gegenüber seiner Existenz. Noch die Familienväter und -mütter der fünfziger Jahre unseres Jahrhunderts haben eine Ahnung davon, daß es Sinn macht, das eigene Leben für die Kinder einzusetzen. Dieser letzte dünne Faden, der Menschen mit religiösen Kontinenten verbunden hat, ist jetzt zerrissen. Vor dem Fall der Mauer haben Eltern in der Ex-DDR dutzendweise ihre Kinder zurückgelassen, um in den Westen zu fliehen. Ein Symbol. Weil nach dem Tode Gottes der letzte Satz lautet: Du sollst dich selbst verwirklichen. Alles andere ist dem nachgeordnet.

»Wir sind alle Waisen«, ruft der gekreuzigte Jesus vom Dach des Weltengebäudes den Menschen zu. Denn Gott ist tot. So resümiert Jean Paul die alles erschütternde Erfahrung des 18. Jahrhunderts. Eine kurze Zeit gelingt es, für Gott einen Ersatzmann zu finden: Der Lauf der Geschichte offenbare den Weltgeist – das war Hegels Versuch, eine Rettungsinsel zu erklimmen. In der Geschichte offenbart sich nichts als die Ziellosigkeit.

Inzwischen setzt sich in unserem Denken eine andere Erfahrung durch: Die christliche Religion hat mythisches Denken überwunden, das im Kreislauf der Zeiten und Jahre geborgen war. Es hat den Kreis aufgebogen, hat eine gestreckte, lineare Geschichte entworfen, die auf ein Ziel zuläuft. Ob dieses Ziel nun der Messias oder die klassenlose Gesellschaft hieß. Jetzt bricht diese Linie ab, sie löst sich auf. Zeit und Raum – Einsteins ultimativer Schlag gegen die Geschichtsphilosophie – tanzen unfestgestellt vor unseren Augen. Unser Blick ist es, der sie konstituiert und verändert. So wie die christliche Religion das mythisch-kreisförmige Denken abgelöst hat, so lösen die Räume und Felder, die auf dem Bildschirm entstehen, das christlich-lineare Denken ab. Vorchristlich herrscht das Bild vom Gott, der im ewigen Kreis der Jahreszeiten stirbt und wiederaufersteht. Das Christentum biegt diesen Kreis auf und läßt die Geschichte auf das Reich des Auferstandenen zulaufen. Für uns wird immer mehr eines von diesen Escher-Bildern sinnfällig: Da gibt es ein Treppauftreppab in einem Raum, der kein Anfang, kein Ende, kein oben, kein unten mehr kennt, sondern nur noch das sirrende Kreisen von Molekülen. Wir sehen unsere religiösen und sozialen Institutionen untergehen. Wir sehen, wie unsere Kinder dem Glauben an die neuen Medien verfallen. Sie gehören nicht mehr der alphabetischen Kultur, sondern den medialen Welten an. Sie leben nicht für Utopien, die in der Geschichte erfüllt werden sollen, sondern im Augenblick der medialen Erfahrung. Die Älteren sehen es mit Fassungslosigkeit und Grauen: postreligiöse Barbarei. Aber wir wissen nicht, ob die neue Barbarei nicht auch den Keim einer postalphabetischen Zivilisation in sich trägt. Das kann und soll die Trauer über den Sturz der christlichen Kultur nicht hindern. Werden die postchristlichen Welten nur Barbarei kennen, oder werden sie auch ihren Erasmus und ihr Chartres haben? Die unglaubliche Herausforderung besteht darin, daß für keine Götter Tempel und für keine Ideen Systeme gebaut und gedacht werden. Das Gespräch darüber, was sein soll, kann der Mensch nur noch mit sich selbst führen.

# Familienabwicklung

## Eine alte Geschichte geht zu Ende

Am 27. Juni 1991 entdecken die Sicherheitskontrolleure am Flughafen in Tel Aviv im Koffer eines indischen Matrosen ein Skelett. Bei dem Skelett handelt es sich um die Gebeine des Vaters dieses Matrosen. Der 33jährige erklärte, er habe kein Zuhause und reise daher so lange mit den Überresten seines Vaters, bis er sich irgendwann niederlasse. Dann wolle er seinen Vater beerdigen.

In Deutschland nimmt die Zahl der anonymen Beerdigungen explosionsartig zu. Kein Grabkreuz, kein Grabmal erinnert da mehr an den Verstorbenen. Nichts kann den raschen Zerfall der traditionellen Familienbindungen in Europa deutlicher machen als der in Mode gekommene gedächtnislose Umgang mit den Toten. Verehrung der Ahnen und Bestattung der Toten sind die ältesten greifbaren Zeugnisse menschlicher Kultur, mit der sich unsere Vorfahren deutlich von Tierherden unterschieden. In das ägyptische Pharaonengrab folgten dem Herrscher Diener und Sklavinnen. Königsgräber – für die Ewigkeit entworfen. Je näher wir der europäischen Moderne kommen, desto mehr wird das Grab Familiengrab. In der ländlichen Toskana spiegeln sich die Dörfer in den Friedhöfen: Ein kleines Dorf aus Familiengräbern, die wie Häuschen aussehen, erhebt sich neben dem Dorf der Lebenden. Ein Leben lang hat man die verstorbenen Familienangehörigen vor Augen und weiß, wo einmal die eigene Ruhestätte sein wird. Und wer über den Großfriedhof Ohlsdorf in Hamburg geht, kann in den älteren Teilen noch sehen, wie sich Reichtum und Kultur der Familien in den Grabstätten niederschlagen: das kleine Proletarierfleckchen, wo sich die Familienangehörigen auf dem Grabstein drängen. Das pompöse Mausoleum aus der Gründerzeit, in dem sich Neureiche ihre Ewigkeitsvilla sichern. Bei solchen Familiengräbern fanden sich noch in den fünfziger Jahren ganz selbstverständlich Sitzbänke. Denn es war klar, daß man seine verstorbenen Familienangehörigen regelmäßig besuchte, daß die Grabstätte eigenhändig gepflegt wurde.

Eine genaue Kenntnis der Friedhofskultur ersetzt geradezu die Kenntnis der Gesellschaft der Lebenden. Wer über unsere Friedhöfe geht, kann sehen, daß sich in den letzten hundert Jahren ein Zusammenbruch ereignet hat: Die gute alte Familie ist ausgestorben. Die Heirat zwischen Homosexuellen – Frauen und Männer –, die in Mode kommt, die bisweilen sogar priesterlichen Segen findet, ist das zeitgemäße Satyrspiel. In Dänemark trat am 1. Oktober 1989 ein »Gesetz über registrierte Partnerschaft« in Kraft. Geregelt wird da die Ehe zwischen Gleichgeschlechtlichen. »Wir hatten die gleichen Gründe wie jedes heterosexuelle Paar«, so teilt Pfarrer Ivan Larsen mit, der den Kinderpsychologen Ove Carlsen ehelichte: »Wir wollten Sicherheit.« Wenn Staat und Kirche die Homosexuellen-Ehe legitimieren, dann machen sie selber Witze über die Familie. Daß Homosexuelle in diese Sozialform einsteigen, aus der immer mehr Leute auszusteigen versuchen, ist ein merkwürdiger Tatbestand. Sie besiedeln eine verlassene Stadt, eine Nekropole.

Die Familienmitglieder sind längst dabei, in alle Himmelsrichtungen aus dieser Totenstadt zu fliehen. Sind Alte, Erwachsene und Kinder auf dem Weg in eine autistische Gesellschaft? Das letzte gemeinsame Familienfoto zeigt sie versammelt um den Fernsehapparat, um den sie sich lagern wie Steinzeitmenschen um das wärmende Feuer. Danach gehen sie in alle Richtungen auseinander, um ihre Informationsfeuer für sich allein zu entfachen.

Dieses Auseinanderstreben des Familienclans mag man als Zerfall bedauern oder als Befreiung begrüßen. Kein Lamento ändert den Tatbestand. Es ist auch daran zu erinnern, daß die Familie alles andere als eine Idylle gewesen ist. Der Begriff *familia* umfaßt ursprünglich alle Mitglieder der römischen Familie, einschließlich der Sklaven. Das Ende der Familie ist insofern auch ein Stück Ende der Sklaverei. Erst mit dem Aufstieg der Industriegesellschaft und des modernen Staates wurde aber die Kleinfamilie zur vorherrschenden Sozialform, die das Rückgrat dieses Modernisierungsprozesses war. Ohne die Familie hätte es die Industrialisierung nicht gegeben. Aber mit dem Ende der Moderne bricht diese Sozialform zusammen, und was danach kommt, ist die »postmoderne Familie« – und dieser Ausdruck ist eigentlich eine Mogelpackung –, ein karierter Hund.

Die fünfziger Jahre dieses Jahrhunderts waren das goldene Zeitalter der Kernfamilie. Unsere gegenwärtige politische Elite stammt wesentlich aus diesem goldenen Zeitalter der Kleinfamilie – und ist deshalb geneigt, diese Kern- und Kleinfamilie für naturgegeben und ewig zu halten. Sie sprechen von der Familie als der »kleinsten Zelle« der Gesellschaft. »Zelle«, wohlgemerkt.

Der kinderreiche Kernfamilienhaushalt ist heute nur noch Sache einer kleinen Minderheit. Der Anteil der kinderlosen Ehen hat sich in den letzten hundert Jahren verdoppelt (obwohl die Medizin bei erfolglosem Kinderwunsch oft eingreifen kann). Es gibt heute in den alten Bundesländern etwa eine Million Paare, die in wilder Ehe leben – wie man das früher nannte. In einem Jahrzehnt – von 1975 an – stieg die Zahl der Alleinerziehenden hier um 27 Prozent. Weder die staatliche Absegnung noch ein Kind gehören heute unbedingt zu dem, was einmal Ehe war. Die Heiratsneigung ist drastisch gesunken. Ehe und Sexualität gehören nicht mehr zusammen. Die Ehescheidung ist ein Massenphänomen geworden. Zwischen 1950 und 1987 stieg die Zahl der Scheidungen in der Bundesrepublik um 53 Prozent, während im gleichen Zeitraum die Zahl der Eheschließungen um 29 Prozent fiel. 30 Prozent aller Ehen werden geschieden, am Ende dieses Jahrtausends könnte es durchaus sein, daß in Deutschland jede zweite Ehe geschieden wird (in der DDR lag der Prozentsatz schon in den achtziger Jahren bei 50 Prozent). Jedes zweite Kind wird dann in einer Familie aufwachsen, in die es nicht hineingeboren wird. Das System des Kindertauschs ist bei Scheidung und Wiederverheiratung schon jetzt nichts Ungewöhnliches mehr. Die Distanz zu den biologischen Kindern wächst dabei, während die zu dem neuen Partner gehörenden Kunden als soziale Kinder übernommen werden.

Ende der Familie – das heißt ja nicht, daß es keine familienähnlichen Gesellschaftsformen mehr gibt: Aber dieser postmodernen Gruppe fehlt die alte Stabilität. Eine Scheidung war noch vor fünfzig Jahren eine Familiensensation. Die Kinder – hieß es – seien die Leidtragenden. Heute aber dürfte sich das Elend da häufen, wo Familienverbände mit Krampf aufrechterhalten werden. Die Trümmer, die letzten Pfeiler der Familie, sind offenbar in zwei Elementen zu finden: Da ist einmal die Mutter-Kind-Verbindung und andererseits der Haushalt. Zwischen den rauchenden Familientrümmern stolpern Teilzeitväter umher, die diese neuen matrilinearen Stammesformen mit einer Mischung aus Schuldgefühlen und Hilflosigkeit bestaunen. Ihre Lage ist – im Vergleich zum Beispiel mit indianischen Jägern – insofern schlechter, als es nicht ausreicht, die Jagdbeute vor der Mutter-Kind-Dyade auszubreiten. Erwartet wird Beteiligung am Wickeln und Füttern der Kinder, am Putzen und am Kochen.

Obwohl die Arbeitsteilung in der Kleinfamilie Dauerstreit auslöst, versteht sie sich nicht als Arbeitsgemeinschaft, sondern als Gefühlsgemeinschaft. Dem Streit um die Arbeitsteilung wird die Schuld dafür zugeschoben, daß es mit der Gefühlsgemeinschaft nicht klappt. Das war einmal ganz anders. Als die Familie noch in erster Linie Arbeitsgemeinschaft war, konnten emotionale Schieflagen nicht alles lahmlegen. Es war möglich, sich über die Verteilung von Arbeit zu streiten. Dieser Streit war aber begrenzt, weil durch eine freilich patriarchale Hierarchie die Zuständigkeit für Arbeiten geregelt war. In Arbeitsgemeinschaften wird den Individuen nicht abverlangt, sich glücklich zu fühlen. Die Familie aber ist ständig in der Gefahr, zum emotionalen Schlachtfeld zu werden. Über die Teilung anfallender Arbeitsaufgaben in Haushalt und Erziehung herrscht ein unablässiges Gezeter, da kaum ein Akt durch Tradition oder Ritus vorentschieden ist. Die Familie ist – so könnte ein Außenstehender vermuten – vor allem eine Erwerbsgemeinschaft zur Beschaffung und Bedienung zahlloser steckdosenabhängiger Geräte. Der Verbrauch von Elektrizität in der Familie steigt mit der Geschwindigkeit, mit der der Familienzusammenhalt faktisch schwindet. Ohne den Fernsehapparat, das Video, die Musikmaschinen, die Wasch- und Geschirrspülapparate, die Mikrowelle, den Toaster, den Pürierstab, die Dentalstation, den telefonischen Anrufbeantworter usw. käme haltloser Schrecken über die gerätebesitzende postmoderne Kleingruppe, die einmal die Familie war. Sony und Siemens tragen heute mehr zum Erhalt der Familie – oder dessen, was davon noch ist – bei als die katholische Kirche. Inmitten dieser Barrikaden aus Blech und Elektronik flattern aber nun die Gefühle wie Fledermäuse im verlassenen Schloßturm. Solange die Familie einigermaßen funktionierte, wußten die Beteiligten, was sie zu sein hatten: die treue Frau, der arbeitsame Mann, die ordentlichen Kinder. Wer das heute noch will, gilt als bieder. Mit der attraktiven Frau, mit dem erfolgreichen Mann und dem kreativen Kind muß man aufwarten können. Deren Tugenden sind nach außen gerichtet und tragen deshalb zum Erhalt der Binnenstruktur Familie soviel bei wie eine raffinierte Verpackung zum Geschmack der Schokolade.

Was waren das noch für Zeiten, als die Väter des Bürgerlichen Gesetzbuches am Ende des 19. Jahrhunderts schrieben: »Der christlichen Gesamtanschauung des deutschen Volkes entsprechend«, sei davon auszugehen, daß im Eherecht »nicht das Prinzip der individuellen Freiheit herrschen darf, sondern die Ehe als eine vom Willen der Gatten unabhängige sittliche und rechtliche Ordnung anzusehen ist«. Heute versucht der Staat immer deutlicher, die Familie durch Subventionen am Leben zu erhalten.

Solange es den Ehefelsen noch gab, war klar, wie das Leben auf diesem Felsen zu gründen war. Radikale Individualisierung hat von dieser vorgegebenen Ordnung nichts mehr übriggelassen. So hat sich die Frage umgekehrt. Die noch im 19. Jahrhundert eher seltene Frage: Warum gehst du fort? hat sich verkehrt in die Daueranfrage: Warum bleiben wir noch zusammen? Die Altfamilie war auf die Industriegesellschaft zugeschnitten. Die postmoderne Geräteverwaltungsgemeinschaft ist schon dadurch zentrifugal, daß beide Ehepartner ihre Arbeitsbiographie realisieren wollen – und das ist oft nicht am gleichen Ort möglich. Das Idealbild des Berufstätigen ist heute der vollmobile einzelne. Vermutlich deshalb kann man altfamiliale Verhältnisse am ehesten dort überleben sehen, wo beide oder einer arbeitslos ist. Der Trend geht aber in die andere Richtung: Der Anteil an Einpersonenhaushalten hat in der Bundesrepublik Deutschland 1990 (vor der Wiedervereinigung) das Drittel schon überschritten. In den Großstädten liegt der Anteil bereits bei 50 Prozent. In München sind von 650 000 Wohnungen 330 000

Einpersonenhaushalte. Zwölf Millionen Singles waren es schon in der alten Bundesrepublik. Auch für Paris und Zürich gilt: Die Hälfte der Bürger lebt allein.

Der Anteil alleinerziehender Elternteile ist von 1970 bis 1986 von 7,7 Prozent auf 13,4 Prozent gestiegen. Nichteheliche Lebensgemeinschaften sind auf dem Vormarsch: Singledasein als Avantgarde. Dabei mag das Singledasein eine ungeliebte Lebensform sein. Sie ist dennoch offenbar der künftige Normalzustand.

Der Angriff auf die Familie beginnt mit der Industrialisierung. Der Familie wird die Produktion entzogen. Der zweite Angriff auf die Familie wird durch die Bismarcksche Sozialgesetzgebung eingeleitet. Der Versicherungsstaat übernimmt die Schutzfunktionen für die Familie.

Die Versicherungsidee nimmt der Familie ihre zentrale Aufgabe als Schutzraum. Was bleibt der Familie nach diesen Abrüstungen? Die Sozialisation und die Emotionsecke. Die Sozialisationsaufgabe wird ihr ständig mehr von den einschlägigen Instanzen genommen: den Kindergärten, der Vorschule, der Schule. Erziehung ist zu einer unlösbaren Aufgabe geworden, da keiner mehr weiß, wozu Erziehung erziehen soll. Jeder Erziehungsakt muß Begründungen nach sich ziehen, Begründungen, die oft deshalb so infam sind, weil sie die Kinder auf eine dürftige, scheinrationale, didaktisch gefilterte Wirklichkeit festlegen. Nicht aus der Autorität Gottes leitet sich die väterliche Autorität ab, sondern aus der Gravitationskraft (... sonst fällst du von der Schaukel) oder der Gesundheitsgeißel (... verdirbt die Augen). Gegen solche Argumente ist keine Empörung, kein prometheischer Aufschrei der Kinder möglich, sondern nur die Verschließung, der Autismus, die Verhaltensstörung, die Mediensucht.

Die letzten Bastionen der Familie versinken vor unseren Augen. Das waren wohl die zwei Funktionen: Versorgung mit Sexualität und mit Sozialisation. Die Sozialisation übernehmen andere. Sich als ein System zu begreifen und sich entsprechend zu verhalten, das kann man am Computer ohnehin besser als in der Familie.

Und die Versorgung mit Sexualität? Jeder Therapeut wird bestätigen, daß sich da ein Abgrund auftut. Da hat der Papst recht: Erotik, die vom Kinderwunsch abgelöst ist, hat ihre eigenen Verhängnisse. Auch wilde Ehen halten ja in den seltensten Fällen, was der Begriff verspricht. Mann und Frau können mit den Stern-Titelbildern auf Dauer nicht konkurrieren. Und dann soll der Sexualpartner auch noch geliebt werden. Eine unlösbare Hausaufgabe. Dieses Glück hat ein Haltbarkeitsdatum, das sich auf einen Zeitraum von sechs Wochen bis zu sechs Monaten erstreckt. Dann wird Klaustrophobie die normale Reaktion auf solchen Emotionsstreß.

Innerhalb von gut zwanzig Jahren ist das soziale System Familie zusammengebrochen, das immerhin einige Jahrhunderte in Blüte stand. Das ist eine soziale Katastrophe. Die alten Menschen spüren es zuerst und am härtesten: daß ihnen das Dach über dem Kopf von einem sozialen Orkan weggerissen worden ist. Sie müssen die Zuflucht ihrer letzten Tage zunehmend in Heimen suchen.

In Italien erzielt eine Sendung höchste Einschaltquoten, in denen Ehepaare erbarmungslos streiten und vor dem Fernsehpublikum von einem schmunzelnden Moderator aufeinander losgehetzt werden. Kein noch so intimes Detail des Privatkrieges wird dabei ausgelassen. Die Zuschauer stimmen am Schluß des mehrere Abende umfassenden Streites darüber ab, wer recht hat. Ausgerechnet Italien, das Land der Mamma, der Familienidylle, schickt die Familie zur Selbstzerfleischung in die Arena: Deutlicher kann man das Ende dieser Einrichtung nicht demonstrieren. In Deutschland erfreuen sich die Zuschauer noch an Sendungen, in denen Paare ihre Probleme vor Millionen ausbreiten und mit einem Therapeuten beraten. Das ist die Vorstufe zur öffentlichen Zerfleischung.

Eine öffentliche Angelegenheit waren Eheschließung und Familiengründung auch früher: Wenn zwei Bauernfamilien sich über eine Heirat versippten und so ihre wirtschaftliche Kraft verstärkten, dann waltete darin das Familieninteresse und nicht das Einzelinteresse des Paares. Das ist heute in das Gegenteil verkehrt: Die Heirats- und Bekanntschaftsanzeigen sind ein auf das Individuum ausgerichteter Tauschmarkt. Untersuchungen zeigen, daß solche Anzeigen Partner für ca. zwei Jahre verschaffen, dann wird die nächste Anzeige aufgegeben.

Selbstverwirklichung contra Familie heißt die Devise. Ehen und eheähnliche Verbindungen sind Koalitionen. Und der Vorrat an Gemeinsamkeiten – wie es in Regierungsvereinbarungen so schön heißt – ist schnell erschöpft.

Der Vorrat an Gemeinsamkeiten konnte sich in der alten Ehe und Familie nicht so leicht erschöpfen. Denn dieser Vorrat an Gemeinsamkeiten lag außerhalb der Individuen in den Tresoren der Religion und der Gesellschaft fest: Die Familie ist eine religiös und naturrechtlich vorgesehene Ordnung, aus der nur Elende und Asoziale herausfallen. Der Hagestolz, die alte Jungfer, die Witwe, die Sitzengebliebene, der Homosexuelle: bedauernswerte Kreaturen. Eine Frau ohne Kinder gilt in vielen Kulturen geradezu als verflucht. Diese Verächtlichmachung all derer, die keine Familie gründen, ist vorbei. Aufatmen für die Marginalen. Und gleichzeitig werden alle zu Einzelgängern.

Die Alten sind einerseits Opfer, andererseits Nutznießer des Familienzerfalls: Sie leben besser und länger, als je eine Generation von Alten gelebt hat. Sie haben kaum Aufgaben für die nächste Generation zu erfüllen, sie sind weder am Beruf der Kinder noch an der Sozialisation der Enkel wesentlich beteiligt. Sie treiben einen geradezu religiösen Aufwand mit ihrer Gesundheit. Sie leeren die Konten der Krankenkassen und belegen die Krankenhausbetten. Ihre Devise scheint zu heißen: Soviel Leben inhalieren wie möglich. Das ist zumindest im Vergleich zu jenen Zeiten neu, in denen sie auf dem Altenteil mithalfen. Das einzig bleibende Konzept für das Alter ist heute Asozialität, wohlgemerkt: erzwungene Asozialität. Selbstverwirklichung ist auch im Alter meist das einzige, was bleibt. Das Wohlergehen der Nachkommen liegt den Alten allenfalls insofern auf der Seele, als sie eine gewisse finanzielle Absicherung der Nachkommen zu arrangieren versuchen. Dabei wird von ihnen in impertinenter Arroganz übersehen, daß der wesentliche Inhalt des Generationenvertrages heute die Vergiftung der nachfolgenden Generationen ist. (Ganz abgesehen davon, daß in der Bundesrepublik Deutschland heute Schulden gemacht werden, die noch die Enkel abzuzahlen haben werden.) Das heißt natürlich nicht, daß da die bösen Alten unschuldigen Kindern die Welt ruinieren. Die nach uns Kommenden erwecken nicht den Eindruck, daß sie sich die Welt anders denn als planetarischen Supermarkt vorstellen können. Das ist ihnen ja nun auch von den Älteren vorgeführt worden. Ekel kann schon deshalb nur schwer aufkommen, weil man sich an etwas anderes gar nicht erinnern kann. Der Generationenkonflikt reduziert sich auf die Frage, wer sich den größten Anteil am Kuchen sichern kann. Bezahlt wird von den Älteren die Rechnung am Schluß. Das Ende der Alten ist so elend wie noch nie. Jeder zweite stirbt in einer Institution. In den USA liegt die Zahl höher. Dort sind 20 Prozent der Sterbehospize in der Hand von Beerdigungunternehmern. Das heißt: Das Alter wird zunehmend begriffen als eine Entsorgungsaufgabe.

Die Alten sind dann, wenn sie hinfällig werden, die Verlierer in einer Gesellschaft, deren soziale Verflechtung brüchig geworden ist.

In Wirklichkeit sind die Alten nicht nur die ins Abseits geschobenen Entsorgungsfälle. Sie sind auch das Experimentierfeld für eine Gesellschaft, in der sich Mensch und Maschine zu vermischen beginnen. Daß die Alten den größten Teil des Gesundheitsetats verbrauchen, ist die eine Seite. Sie sind aber zugleich auch das große Feld für Menschenversuche. Zur Erprobung von Prothesen und Medikamenten sind die Senioren besonders gut geeignet. Jeder Versuch kann als eine Wohltat am Rande des Lebens ausgegeben werden. Und die Alten sind meist lebensgierig genug, um alle Angebote zu ergreifen. Würde man den Berg von Medikamenten und Prothesen vor sich sehen können, der heute über die Senioren der reichen Welt geschüttet wird, dann dürfte man füglich behaupten, daß der Retortenmensch zuerst am Ende des Lebens erscheint: als Retortensenior. Berge von künstlichen Hüften, von Herzschrittmachern, von Gebissen, tonnenweise Mittel gegen Kreislaufschwäche, Zuckerkrankheit, Rheuma und Schlaflosigkeit. Leben aus der Retorte, dem Labor, dem Ersatzteillager. Es ist absehbar, daß sich diese Maschinisierung des Alters geschwind ausbreiten wird. Die Pflege eines alten Menschen ist (nachdem die Familie immer schneller aufhört, dafür zuständig zu sein) eine Sache der Institutionen geworden. Aber die einschlägigen Pflegeinstitutionen verfügen nicht über die notwendigen Pflegekräfte. Die Antwort auf diesen Pflegenotstand wird heißen: Automatisierung. Der Generationenkonflikt wird durch Automatisierungskreisläufe abgekühlt. An die Stelle der Familienpflege wird der Pflegeroboter treten. Zuerst werden die Alten- und Pflegeheime einen Rationalisierungsschub erleben: Fließbandpflege mit Fütterungsautomat, Waschstraße, Videoüberwachung. Aber das ist ein Zwischenstadium. Die Propagierung der ambulanten Pflege – Devise: zu Hause leben und sterben – deutet die Zukunft an. Es ist eigentlich billiger, einen Pflegefall zu Hause zu versorgen. Außerdem ist das Heim in einer Zeit des radikalisierten Individualismus ein nicht gern akzeptiertes Modell. (Es wird allerdings im Angebot bleiben: als Sterbehospiz zumal, in das Menschen gehen, um ihre letzte Lebensphase, ihre finale Entsorgung, gesichert zu absolvieren.)

Die Zukunft dürfte anders aussehen. Sie deutet sich an in der altengerechten Wohnung, die von Ministerien, Sozialeinrichtungen und einschlägigen Firmen propagiert wird. Ein maschinisiertes Retortenalter, das ohne Heimunterbringung auskommt, könnte sich der Leser so ausmalen:

Ich liege im Bett. Das Bett kann mittels elektronischer Impulse in jede gewünschte Stellung gebracht werden. Es richtet mich auf, es legt mich hin. Auf meiner Schalttafel in Reichweite sind auch die Drucktasten, die den Eßautomaten in Bewegung setzen. Er produziert Kaffee, backt Brötchen – oder eine altengerechte Nahrung, wenn die Zähne es nicht mehr tun. Er bringt das Frühstück ans Bett und kann je nach Hinfälligkeit servieren oder füttern, mit dem Löffel oder mit dem Ernährungsschlauch – die Kanüle ist im Arm installiert. Am Morgen werden die Jalousien der Wohnung durch Elektromotoren gehoben, die auch die Beleuchtung im Hause stufenlos regeln und eine gleichbleibende Helligkeit bewirken – der Lichtschalter ist ein Relikt aus Großvaters Zeiten. Natürlich wird in der altersgerechten Wohnung auch das Raumklima (Wärme, Feuchtigkeit) automatisch kontrolliert.

Nach dem Frühstück wird auf der anderen Seite der Entsorgungsroboter bereitgestellt. Er hebt, säubert, windelt, wenn nötig. Je nach Wunsch kann ich mich vorher oder nachher an einer Schiene, die an der Decke entlangläuft, in die Naßzelle fahren lassen. Eine Hebevorrichtung senkt mich ins Bad, dessen Ein- und Ablauf ebenso wie die Temperatur automatisch funktioniert.

Wenn Fütterungsautomaten, Entsorgungs- und Waschroboter ihre Arbeit getan haben, beginnen die Geschäfte. Bankangelegenheiten und Einkäufe werden über den Bildschirm erledigt. (Die Bestückung der Roboter mit Nahrung und Windeln ist noch Handarbeit, dafür kommt jemand in die Wohnung. Aber das Problem wird noch gelöst.) Nebenbei sterilisiert der Reinigungsroboter die Wohnung. Der Rest des Vormittags ist der Unterhaltung gewidmet. Ein Scanner tastet die Zeitung ab und überträgt sie in Großbuchstaben auf den Fernsehschirm, wenn ich mich nicht ohnehin auf die Bildschirmnachrichten beschränke. Der CD-Player reagiert auf Fernsignale in der Auswahl und Lautstärke der gewünschten Musik. Das Kabelfernsehen bringt die Welt in meine altersgerechte Wohnung. Da ist die Fernbedienung ein alter Hut. Das Mittagessen wird vom Roboter zusammengestellt, natürlich nach den Prinzipien der altersgerechten Nahrung. Am Nachmittag Kaffeeklatsch am Bildschirmverbund, der ein problemloses, bewegungsfreies Treffen mit Freunden und Verwandten im Bett ermöglicht. Zwischendurch ein elektronisches Warnsignal. Es droht Wundliegen. Eine Drehvorrichtung wird in Gang gesetzt, die durch druckfreie Aufhängung dafür sorgt, daß die Gefahr am Körperteil abklingt. Vor dem Abendessen der Bodycheck. Ein integrierter Medicoroboter prüft die Körperfunktionen (Blutdruck, Temperatur, Cholesterinspiegel etc.), verordnet vielleicht ein wenig ultraviolette Bestrahlung (drücke Knopf 27) oder eine Massage oder etwas Gymnastik, die von entsprechenden Funktionen des Bettes anstrengungsfrei ausgeführt werden. Vielleicht wird es nötig, gegen den Bluthochdruck ein Pülverchen ins Abendessen zu integrieren? Der Medicoautomat entscheidet das. Einige Aufgaben, die der Medicoroboter auf seinem Bildschirm auswirft, sorgen für das Gehirnjogging. Und schließlich, um die Sache abzurunden, ein Seelencheck: Bei Anzeichen von Depressionen verwickelt der Medicoroboter den Pflegling in ein therapeutisches Frage-und-Antwort-Spiel. Unter Umständen wird dem Abendessen noch ein Tranquilizer beigemischt. Dieser wichtigste Hausroboter ist mit dem städtischen Seniorenzentrum verbunden, das sofort eine Ambulanz schickt, wenn der Roboter Alarm schlägt, weil der Pflegling physisch oder psychisch außer Kontrolle gerät. Fast alle Ingredienzen dieses Szenarios gibt es schon.

Welch ein Unterschied zu der Lebenswelt der alten Witwe, die ihre Kohlen aus dem Keller holen muß, um zu heizen; die ihr Gemüse schnippelt, um eine Suppe für sich zu kochen. Und die dann, wenn das nicht mehr geht, im Sechsbettzimmer des Pflegeheims ihre Tage beschließt.

Das Alter ist das Experimentierfeld für die Automatisierung des Lebens. Ist das, was da kommt, Qual oder Befreiung? Autonomie oder Abhängigkeit? Heute wird noch in vielen Familien gepflegt, oft unter unsäglichen Opfern. Die pflegenden Töchter ruinieren ihr Leben, bisweilen brennt die Sicherung durch: So mancher Familienpflegling wird mißhandelt. Die Gepflegten ihrerseits leiden unter der Abhängigkeit oder tyrannisieren die Kinder. Und in manchen Fällen ist es ein würdevoller und schöner Ausklang des Lebens. Konflikte, Liebe, Haß, die in solchen Pflegesituationen walten, werden immer deutlicher maschinell umgangen. Es fängt damit an, daß die Tür der Sparkasse sich vor mir automatisch öffnet (niemandem kann ich sie mehr offenhalten), und es endet beim voll integrierten Pflegeautomaten, der mich von menschlicher Zuwendung, Auseinandersetzung und Abhängigkeit endgültig befreit. Die Erfahrung des Alters, daß etwas nicht mehr geht, kann maschinell überdeckt werden. Die Konflikte zwischen den Generationen – einst in der Familie ausgetragen – können maschinell vermieden werden. Eine »altersgerechte« Lebenswelt ist konstruierbar, die Unabhängigkeit von Menschen bis zum letzten Atemzug garantiert. Die Maschinen, die Automaten, die

Roboter dürften immer deutlicher die Gestalt des Alters bestimmen. Sie dringen endlich in die Körper ein, ersetzen hinfällige Teile, das Herz, die Nieren, die Hüften etc. Und schließlich ist man von der Vision des Mathematikers Thomas Donaldson nicht mehr so weit entfernt. Die Menschenreste werden Teil der Maschine, Teil des Automaten, Teil des Roboters.

Der Weg dahin ist schon beschritten, und vor ihm zu warnen ist müßig. Die übernächste Generation wird es schon als Zumutung empfinden, eine Tür selbst öffnen zu müssen. Sie wird es für selbstverständlich halten, daß Alter und Hinfälligkeit maschinell überdeckt werden. Und nur Narren und Heilige werden darauf bestehen, Schwäche, Leiden, Schmerzen und Hinfälligkeit erfahren zu wollen als etwas, das zum Menschen und zum Alter gehört.

Rilke hat das in den »Aufzeichnungen des Malte Laurids Brigge« schon am Beginn des Jahrhunderts genau beschrieben:

> »Dieses ausgezeichnete Hôtel ist sehr alt, schon zu König Chlodwigs Zeiten starb man darin in einigen Betten. Jetzt wird in 559 Betten gestorben. Natürlich fabrikmäßig. Bei so enormer Produktion ist der einzelne Tod nicht so gut ausgeführt, aber darauf kommt es auch nicht an. Die Masse macht es. Wer giebt heute noch etwas für einen gut ausgearbeiteten Tod? Niemand. Sogar die Reichen, die es sich doch leisten könnten, ausführlich zu sterben, fangen an, nachlässig und gleichgültig zu werden; der Wunsch, einen eigenen Tod zu haben, wird immer seltener. Eine Weile noch, und er wird ebenso selten sein wie ein eigenes Leben. Gott, das ist alles da. Man kommt, man findet ein Leben, fertig, man hat es nur anzuziehen. Man will gehen, oder man ist dazu gezwungen: nun, keine Anstrengung: Voilà votre mort, monsieur. Man stirbt,

wie es gerade kommt; man stirbt den Tod, der zu der Krankheit gehört, die man hat (denn seit man alle Krankheiten kennt, weiß man auch, daß die verschiedenen letalen Abschlüsse zu den Krankheiten gehören und nicht zu den Menschen; und der Kranke hat sozusagen nichts zu tun). In den Sanatorien, wo ja so gern und mit so viel Dankbarkeit gegen Ärzte und Schwestern gestorben wird, stirbt man einen von den an der Anstalt angestellten Toden; das wird gerne gesehen ...«

Auch die Kinder sind dabei, aus den sozialen Zusammenhängen der Familie auszuwandern. Sie befinden sich mit einem Bein – dem Standbein – schon längst in der Informationsgesellschaft. Leitbilder, Handlungsorientierungen, Weltanschauungen werden aus den Medien bezogen, kaum aus der Familie. Dort gibt es Versorgung: Die Kultur kommt aus der Videothek. Wenn zwei Einzelkinder heiraten, deren Eltern auch Einzelkinder waren, dann haben sie keine Verwandten mehr. Die Mehrheit der Kinder in Deutschland sind Einzelkinder.

Noch nie waren Kinder so teuer wie heute. 380 000 Mark investiert eine japanische Familie durchschnittlich für die Aufzucht einer Tochter bis zu deren Heirat – das hat eine Versicherungsgesellschaft errechnet. Schulgeld, Kleidung und Hochzeitsfeier belasten die familiäre Kasse extrem. Das berichtet ein Vertreter der Nationale-Nederlanden Life Insurance. Man darf vermuten, daß man einen deutschen Jungen nicht viel billiger bekommt, wenn er erstklassig aufgezogen und erzogen sein soll. 1991 wird von einer deutschen Bank mit einer Großanzeige geworben: ein kleiner Junge, der seinen Hund umarmt. »Sein Studium wird Sie 100 000 Mark kosten. Also versichern Sie sich ...« Die Durchschnittsfamilie gibt weniger aus, aber solche Zahlen lassen die Alarmglocke klingeln. In welchem Verhältnis stehen – so wird sich der Bürger fragen – eigentlich Kosten und Nutzen der Kinderanschaffung?

Das ist die eine Seite. Die andere Seite: Kölner und Düsseldorfer Schulanfänger, die in Stadtzentren leben, haben eine 60 bis 70 Prozent höhere Benzolkonzentration in ihrem Blut als vergleichbare Kinder aus dem ländlichen Borken, wird aus dem Medizinischen Institut für Umwelthygiene gemeldet: Kinder als Mülldeponie. Nachweisbar in relevanten Konzentrationen sind Cadmium, Blei, Pestizide und Lösungsmittel. Bei den Strahlenopfern von Tschernobyl war das schon klar: Ihre Särge mußten mit Beton versiegelt werden. Wann wird die Meldung gegeben: Die Verbrennung menschlicher Leichen ohne Filter ist verboten, weil dabei so viele Schadstoffe freigesetzt werden, daß ...

Daß Eltern ihre Kinder ausgesetzt oder sie getötet haben – das ist in der Geschichte der Menschheit nicht neu. Aber in der nächsten Generation Müll abzulagern und sie so zu verseuchen, das ist ein Einfall, mit dem sich die Kinder des 21. Jahrhunderts werden herumschlagen müssen. Vielleicht allerdings werden sie – Stichwort: Verursacherprinzip – auch zurückschlagen.

Wir leben in einem Zwischenstadium: Die Familie, der alte Ort der Gemeinsamkeit für Kinder, Erwachsene und Alte, ist zum Abbruch freigegeben. Der Endpunkt dieser Entwicklung dürfte die Einzelexistenz in einer maschinisierten Informationsgesellschaft sein: Die Kinder werden ihre Lernplätze vor individualisierten Bildschirmen und Lernmaschinen haben. Die Alten werden ihre vollautomatischen Pflegeappartements über Bildschirme kontrollieren. Die Erwachsenen werden ihre Bildschirmarbeitsplätze nicht mehr in Fabrik und Büro wahrnehmen, sondern in der Wohnung.

Vermutlich wird die Kasernierung der Kinder am längsten andauern. Selbst Gefängnisse beginnen sich aufzulösen. In den Vereinigten Staaten sind die ersten elektronischen Gefängnisse eingerichtet worden. Die Verurteilten werden mit Sendern ausgerüstet, die am Handgelenk fest installiert sind. Die Täter dürfen ihre Wohnung nicht verlassen. Nahezu alle Formen der Kontrolle und der Unterrichtung lassen sich elektronisch organisieren. Und es wird nicht lange dauern, bis die Frage gestellt wird, ob die Kasernierung von Kindern in Schulen sinnvoll und kostengünstig ist. Noch nie hat eine Gesellschaft einen solchen Aufwand betrieben für ein Bildungssystem, dessen Effektivität höchst zweifelhaft ist. Was hindert, den Gedanken durchzuspielen, daß die Unterrichtung und Kontrolle von Kindern an Lernplätzen außerhalb der Schule besser und billiger installiert werden kann? Allein der Transportaufwand, der heute betrieben werden muß, um die Schüler in ihre Lernhäuser zu bringen, ist aberwitzig. Je deutlicher Lernprozesse elektronisch individualisiert werden, desto schneller wird die gute alte Schule als Relikt aus dem Zeitalter der Industriegesellschaft erkennbar werden. Die Entschulung der Gesellschaft kommt von selbst – jedenfalls in dem Sinne, daß die Kasernierung von jungen Menschen sich alsbald als zu teuer und zuwenig effektiv herausstellen wird. Reißt das Ende der Familie die Schule mit sich? Oder wird die Schule als Aufbewahrungsort für die Kinder überleben? Als Dach über obdachlosen Einzelkindern?

Und dann sind endlich alle Singles. Einzelelemente in einer Informationsgesellschaft, deren Verknüpfung in der Verknüpfung von Schaltungen besteht. Autistische Zweibeiner, die sich an die Familie erinnern werden wie an ein Märchen: Etwas grausig, etwas heimelig werden die Erinnerungen wirken. Aber für Hänsel und Gretel wird es keine Kieselsteine geben, die den Weg zurück in das Elternhaus zeigen.

# Abschied von der Natur

## Natürlichkeit ist eine Illusion

Typisch ist für uns die Donald-Duck-Geschichte: Onkel Dagobert, der Millionär, hat große Sorgen wegen der Panzerknacker, die wieder einmal mit einem Überfall drohen. Aber Dagobert hat keine Zeit, sich Sorgen zu machen. Er stellt deswegen seinen Neffen Donald als Sorgenmacher an. Der rennt vor seinen Augen immer im Kreis und ruft: »Ojemine, die Sorgen!« Onkel Dagobert herrscht ihn an: »Jammere gefälligst etwas phantasievoller.« So ähnlich verfahren heute die Dagoberts in den Vorstandsetagen. Vermutlich ist die Kenntnis darüber, wie mit der Umwelt umgesprungen wird, bei Wirtschaftsbossen viel ausgeprägter als bei Politikern.

Längst sind die Fronten nicht mehr klar: Am Anfang waren es die Grünen und die Alternativen, die gegen eine uneinsichtig-bornierte Wirtschaftsmafia antraten, um deren Untaten anzuprangern. Inzwischen ist die Industrie in ihren modernen Sektoren – jedenfalls wenn man der Werbung Glauben schenkt – der beste Umweltschützer: Mercedes wirbt für eine neue Serie mit dem Bild einer Garage, aus der nicht der Mercedes, sondern ein Radfahrer herausfährt. Dem Volkswagenwerk sind die Golf-GTI-Club-Raser eher peinlich. Und die Atomindustrie führt als ihr stärkstes Argument den Umweltschutz an. Sogar die Parteien wetteifern darum, wer der konsequenteste Umweltschützer ist. Bis zur grausig-skurrilen Konsequenz: 1991 wird in den USA eine Hinrichtung verschoben, weil bei der Umweltbehörde keine

Genehmigung eingeholt wurde, das Zyankaligas in die Luft zu entlassen. Der Umweltschutz hat sich innerhalb von zwei Jahrzehnten auf der Umfrageskala weit nach vorn geschoben. Welches Thema könnte heute in Deutschland einmütigere Übereinstimmung finden als das Thema tropische Regenwälder? Alle sind der Meinung, daß dies die Weltlungen seien, die erhalten werden müssen. McDonald's schwört, daß das Hamburgerfleisch nicht aus der Region des abgeholzten Regenwaldes bezogen werde.

Noch vor hundert Jahren war so etwas wie der Amazonasurwald eine bedrohliche Wildnis, die zu bekämpfen dem Menschen aufgetragen war. Wir sind bereit zu glauben, daß die Regenwälder »irgendwie« für unsere Atemluft sorgen. Aus diesem Grund teilen wir die Sorge um den Fortbestand der Regenwälder. Diejenigen, die den Tropenwald roden, gelten heute zu Recht als Kriminelle, während sie noch vor einigen Jahrzehnten die mutigen Pioniere der Zivilisation waren. Betonköpfe haben kaum Aussicht, gehört zu werden: Der Biologieprofessor K. vertritt auf einer Tagung die Meinung, daß die Sorge um die Tropenwälder sentimentaler Quatsch sei. Würde man an jedem Autobahnhang großblättrige Gewächse anpflanzen, dann wäre – so sagt er – der Sauerstoffeffekt auf diese Weise genauso erreicht. Befremden. Peinliches Schweigen. Fast scheint die Gleichung zu stimmen: Je radikaler und rüder die Erde verbraucht wird, desto empfindsamer die Seelen. Und die »Erdverbrauchsbilanz« ist erschreckend. Lester R. Brown, der Präsident des Worldwatch Institutes in New York, faßt zusammen:

- Die Bevölkerung der Erde ist auf über fünf Milliarden angewachsen.
- Der Regenwaldbestand geht jährlich um 200 000 Quadratkilometer zurück.
- Etwa 480 Milliarden Tonnen Erde gingen durch Bo-

denerosion verloren. Das ist mehr als die gesamte Landwirtschaftsfläche der USA.

- Die Ozonschicht ist um zwei Prozent dünner geworden, die ultraviolette Bestrahlung der Erdoberfläche stieg dadurch um mindestens 4 Prozent. Über dem Nordpol ist ein kleines Loch entstanden – zusätzlich zu dem sehr großen Loch in der Antarktis, das zu Klimaveränderungen in der südlichen Hemisphäre führt.
- Der Kohlendioxydgehalt in der Erdatmosphäre hat um 9 Prozent zugenommen. Auch der Gehalt an anderen Spurengasen ist sprunghaft gewachsen (z. B. Methan, FCKW).
- Die Luftverschmutzung in Hunderten von Städten hat dramatische Werte angenommen.
- Die biologische Verarmung der Welt macht rasende Fortschritte: Seit der Besiedlung Australiens durch die Europäer wurden von zweihundert Säugetiergattungen achtzehn ausgerottet. Weitere vierzig sind gefährdet. 1930 gab es 300 000 Blauwale, 1990 noch 1000. 1970 gab es 40 000 Nashörner, 1990 noch 3000. Seit dem Jahre 1900 sind ebenso viele Tiere ausgestorben wie im gesamten Zeitraum seit dem Mittelalter.

Hat sich die heftiger werdende Umweltdiskussion ausgewirkt? Die Zahlen sprechen nicht dafür: Die Abholzungsrate der Wälder ist seit Beginn der achtziger Jahre um 50 Prozent angestiegen. Das Verfeuern fossiler Brennstoffe (Kohle, Erdöl, Gas) hat dafür gesorgt, daß 5,8 Milliarden Tonnen Kohlendioxyd – ein neuer Spitzenwert – in die Atmosphäre gejagt wurden. Die Industrieländer verbrauchen den Löwenanteil, die armen Länder sind zu jedem ökologischen Irrsinn bereit, um den Anschluß zu finden.

In Paraguay zum Beispiel. Dort wird an der Grenze zu Argentinien einer der größte Staudämme der Welt gebaut.

6,8 Milliarden US-Dollar wird das Unternehmen verschlingen, das einen Stausee, der dreimal so groß wie der Bodensee sein wird, schafft. 300 Inseln werden verschwinden und mit ihnen eine ganze Reihe von Tieren, die vom Aussterben bedroht sind: der Sumpfhirsch, der Mähnenwolf, Brüllaffen, Pampasfüchse. Mehr als 270 Vogelarten werden ihren Lebensraum verlieren. Die meisten der 40 000 Menschen, die hier als Bauern leben, wissen noch nicht, daß sie ihr Land verlieren werden. Die Evakuierung der Tiere wird gefordert. Aber was soll mit denen schon anderes geschehen, als daß sie in einem Zoo landen? Die Rettung von 22 Sumpfhirschen vor Hochwasser (Kosten: zwei Millionen Dollar) endete damit, daß keines der Tiere überlebte. Im Hinterland des Stausees wird ein großes Sumpfgebiet entstehen – das ist aber schon von japanischen Firmen als Reisanbaugebiet ausersehen –, außerdem bereiten sich die Malariamücken auf ein neues Idealgebiet vor.

Müssen – wenn das alles so ist – nicht endlich die Sentimentalitäten abgeräumt werden? Sollte man sich nicht besser an das Motto Oscar Wildes halten: »Die erste Pflicht im Leben besteht darin, so künstlich wie möglich zu sein«? Weg mit der grün-alternativ aufgeladenen Natürlichkeit, her mit der notwendigen Künstlichkeit! Die Nashörner und Elefanten sind ohnehin tot. Was da noch herumläuft, sind Zombies, deren genetische Vielfalt schon jetzt so ausgedünnt ist, daß es zum Überleben nicht mehr reicht. Im übrigen sind auch die Dinosaurier und die Mammuts ausgestorben. In eine vom Menschen gemanagte – mehr noch: gemachte – Natur paßt die alte Tierwelt nicht mehr hinein. Ist das nicht gerade der politische Fehler der Grünen, daß sie rousseauistisch-rückwärtsgewandt eine zum Untergang verurteilte Altschöpfung beklagen, statt sich einzumischen in einer Veränderung der Erdverbrauchspolitik? Diese neue Erdverbrauchspolitik darf nicht verlorene Natürlichkeit beschwören, sondern hat sich an der Erfindung von Künstlichkeiten zu beteiligen.

Der Mensch trifft ohnehin kaum noch auf »Natur«. Was uns umgibt, ist nicht Natur, sondern Produkt menschlicher Arbeit. Mit dem Begriff »Umwelt« lügen wir uns in die Tasche. Umwelt ist ein Arbeitsergebnis, und es geht darum – so kann man hören –, dieses Produkt Umwelt zu optimieren. Versteht sich nicht auch Greenpeace als Organisation, die eine ökologisch überlegte Erdverbrauchspolitik fordert? Natur ist Menschenprodukt. Aber bitte – so der Tenor – laßt uns mit diesem unserem Kunstwerk sorgfältiger umgehen.

Natur im Sinne von unberührter Wildnis ist eine Illusion. Selbst die afrikanischen Reservate sind menschengemachte Areale. Nicht nur, weil sie dadurch De-facto-Zoos sind, daß die Menschen die Grenzen der Wildreservate bestimmen, sondern auch dadurch, daß die Menschen längst in das Geschehen der Parks eingreifen: hier ein künstlicher Teich, in den Krokodile ausgesetzt werden, dort eine Nashorngruppe, die aus anderen Regionen eingeflogen ist. Schöpfungsillusion. Der deutsche Wald – um ein nähergelegenes Beispiel zu nennen – ist eine Holzproduktionsmaschine mit Tierbefall. Die afrikanischen Safariparks sind Pflegeheime für aussterbende Tierarten, der deutsche Wald eine Holzfabrik: Ist es nicht an der Zeit, den Tatsachen ins Auge zu sehen? Laßt uns aus Pietät und Erinnerungsgründen die aussterbenden Pflanzen und Tiere in Genbanken aufbewahren, vielleicht sind sie noch einmal nützlich. Aber im Ernst können wir afrikanische Löwen und deutsche Adler nicht mehr brauchen. Sie würden mehr Raum beanspruchen, als eine Menschheit, die in einer Generation auf zehn Milliarden angewachsen sein wird, anderen Arten zugestehen kann.

Hubert Markl, von 1986 an Präsident der Deutschen Forschungsgemeinschaft, wagt den Angriff: Die Menschheit ist einer jener evolutiven Durchbrüche, ist eine biologische

Revolution, die die gesamte Welt des Lebendigen in den Grundfesten erschüttert, sie bedroht und schließlich tiefgreifend umwälzen und verwandeln wird. Dieser Siegeszug des Menschen ist nicht unnatürlich, er wirkt sich freilich gegen die vorhandene nichtmenschliche Natur aus. Nicht der Sündenfall hat uns aus dem Naturparadies vertrieben, sondern neu erworbene Geschicklichkeit, die allerdings viele andere Arten vernichtet. Der Mensch ist verpflichtet, einen neuen Ordnungszustand der Biosphäre herbeizuführen. Das wird dadurch möglich, daß der Mensch das ganze globale Wirtschaften in einen gleichgewichtigen Kreislauf produktiven Auf- und Abbaus bringt. Der Planet ist – wie man sieht – ein gobales Managmentprojekt. Natur – vielmehr das, was sie einmal war – ist ein riesiges ökonomisches Projekt.

Hubert Markl im Zeitgefängnis? Recht hat er vermutlich: So, wie er es beschreibt, betrachten wir die Welt und gehen wir mit ihr um. Aber er suggeriert, daß diese Unterbringung der Natur in der Zwangsjacke der Ökonomie auch das einzig Denkbare ist. Ein mittelalterlicher Mönch oder ein antiker Philosoph würden ob solcher Zeitblindheit und Borniertheit wahrscheinlich verblüfft sein. Aber Hubert Markl und seine Weggenossen machen Geschichte – sie schmelzen die Welt in einen ökonomischen Kreislauf um.

Der Mensch – so Markl – steht vor der Aufgabe, eine Welt zu schaffen, die es so noch nie gab, eine anthropogene Natur. Zahlreiche Arten von Pflanzen und Tieren müssen verschwinden. »Eine 200-Millionen-Tonnen-Menschheit mit einer Milliarden-Tonnen-Getreide- und Feldfruchtproduktion, mit 1,2 Milliarden Rindern, 1,1 Milliarden Schafen, 0,8 Milliarden Schweinen, 0,5 Milliarden Ziegen ... ist für die Organismenwelt um uns nicht nur ein atemberaubend drückender Koloß, sondern zugleich eine gigantische Ressource.« Die Schmetterlinge, Vögel und Fische verschwinden, die Bakterien und Pilze, die Würmer und Schadinsekten werden sich gewaltig vermehren. Ein Zurück gibt es nicht. Der amerikanische Schriftsteller Pynchon hat in einer Novelle dementsprechende Entwürfe ausgesponnen. In dieser Novelle übersiedelt der katholische Priester Pater Faring in die New Yorker Kanalisation zu den Ratten. Sie sind die kommenden Erben dieser Welt, und er versucht, sie zum katholischen Glauben zu bekehren.

Die Menschen können sich – aus dieser Perspektive – keine romantischen Natursehnsüchte erlauben. Kein sentimentales Afrika, in dem Löwen und Elefanten durch den Urwald oder die Savanne streifen. Wir müssen, so wird gesagt, Afrika um der hungernden Einwohner willen umwandeln in einen Garten, denn niemand will mehr als Bauer in Dürftigkeit leben.

Jedenfalls an dieser Front scheint die Aufklärung gegen die rousseausche Naturverklärung zu siegen. Oder ist es einfach nur die Ökonomie, die da siegt? Für den Menschen der Aufklärung war einmal Natur das, was bekämpft werden mußte. Die Wildnis war das Gefährliche. Bilder vom Paradies im Mittelalter: Da ist oft eine Mauer, die den Garten von der drohenden Wildnis trennt. Dagegen kommt jene Strömung auf, die vom edlen Wilden spricht, die den Fortschritt der Kultur als Verfall der Sitten begreift: Der Mensch – sagt Rousseau – ist frei geboren, aber überall liegt er in Ketten. Rousseaus Erziehungskonzept ist darauf angelegt, die Hemmungen, die der naturgemäßen Erziehung entgegenstehen, zu beseitigen. Da alles unter den Händen des Menschen degeneriert, gilt es, den inneren Kern des natürlichen Menschen wieder freizulegen.

Wer auf die Markls hört, die eine Kunstnatur für unvermeidlich halten, der ahnt, daß es mit diesem natürlichen Kern des Menschen nicht weit her sein kann. Auch das Selbst des Menschen ist eben ein Produkt, ist eine soziale

Erfindung, ein Produkt der Menschengeschichte – möglicherweise eine verhängnisvolle Erfindung. Oder knüpfen diejenigen, die jetzt auf der biologistischen Welle reiten und den Menschen als genetische Fertigware ansehen, an Rousseau an, an einen nicht natürlichen, aber biologisch-genetischen Kern des Menschen? Auf jeden Fall wird dieser natürliche Kern als etwas begriffen, was jetzt machbar, formbar, manipulierbar wird – wie die übrige Natur auch.

Man muß sich darüber klar sein, daß Pflanzen und Tiere ja längst zu Produkten menschlicher Eingriffe geworden sind. Die Pflanzen und Tiere, die von Menschen benutzt werden, sind Kunsttiere und Kunstpflanzen. Nutzpflanzen und Nutztiere sind Ergebnis »eugenischer« Kontrolle und Veränderung. Was da passiert, reicht längst über die Zuchtwahl des 19. Jahrhunderts hinaus. Und trägt uns in das Land einer anthropogenen Natur, in der Pflanzen und Tiere durch die Retorte ihre Weltzulassung erfahren.

## Kunstpflanzen

Die Landwirtschaft in der ganzen Welt gerät immer mehr in die Abhängigkeit von Saatgutmonopolen. In den meisten Fällen ist es heute dem Landwirt nicht mehr möglich, Saatgut selbst zu züchten. Die Pflanzen sind Kastraten, die fett werden, aber unfruchtbar sind. Was ist da passiert?

Man muß einen Blick zurückwerfen: Während der Eiszeiten haben die Gletscher vor allem die nördliche Halbkugel bedeckt, so daß sich auf der Südhalbkugel viele unterschiedliche Pflanzenvarietäten entfaltet und erhalten haben. Die Hauptgetreidearten, die für die Welternährung der Menschen sorgen, stammen aus diesen südlichen Zentren der Vielfalt. Diese sogenannten Wawilow-Zentren, in denen der ganze Reichtum der Pflanzenwelt sich geballt findet, sind der Garten Eden, aus dem unsere Nutzpflanzen kommen. Je weiter entfernt die Pflanzen von ihrer »genetischen Heimat« sind, desto weniger vielfältig sind ihre genetischen Eigenschaften. Sie werden gewissermaßen monoton. Und sie sind damit anfälliger für Krankheiten. Eine Plantage solcher einfältig-monotonen Pflanzen kann von einer Krankheit hingerafft werden, während in dem vielfältigen Garten Eden Krankheiten an der nächsten Pflanze zum Stehen kommen. Beispiel für die katastrophalen Folgen dieser Pflanzenmonotonie sind die Kartoffelkrankheit in Irland 1840, die Kaffeekrankheit in Sri Lanka 1870, die Getreidepest in den USA 1970.

Anbaupflanzen, die genetisch einförmig sind, zeichnen sich, wie gesagt, durch ihre Anfälligkeit aus. Es sind eigentlich eher Pflegefälle, die ohne Krücken nicht gehen können und deshalb auf Halmstärkungsmittel angewiesen sind. Die so schwächlich sind, daß sie mit Hilfe von Düngemitteln künstlich ernährt werden müssen; die so anfällig sind, daß sie ohne Pestizide als Medikamente sofort dahingerafft werden. Und impotent sind sie auch. Man muß sich darüber klar sein: Wir leben von abgetakelten, vergreisten Pflegepflanzen, die de facto ohne Ambulanz gar nicht mehr bis auf unseren Tisch gelangen können. HYV-Pflanzen heißen diese schwerbehinderten Gewächse. Es ist ein Name, der ja schon an Krankheit erinnert. HYV heißt High Yielding Varieties. Diese in chemischen Sänften getragenen Eunuchen brauchen von Zeit zu Zeit Frischblut von ihren wilden Vorfahren, um überhaupt noch leben zu können. Die HYV-Pflanzen brauchen Keimplasma aus den Wawilow-Zentren. Das Keimplasma aus diesen Gärten genetischer Vielfalt päppelt die schlaffen Laborpflänzchen auf. Dieses Keimplasma wird heute als Rohstoff aus den Wawilow-Zentren, die im armen Süden liegen, importiert – übrigens ohne daß dafür bisher (wie bei Öl zum Beispiel) eine Mark gezahlt wird. Zwar würde das Saatgut der Landwirte kollabieren ohne diesen Rohstoff, aber er wird bisher abgesogen, ohne daß gezahlt wird. Die Wawilow-Zentren werden schneller verschwunden sein als das Erdöl aus dem Boden, wenn weiter so mit diesen Wildpflanzenreservaten umgegangen wird. Die werden nämlich nicht nur ausgeräubert, sondern ihr Ruin beschleunigt sich noch durch einen anderen Prozeß: Im Süden wird das Keimplasma einer Getreidewildsorte gesammelt. Im Norden wird dieses Keimplasma einer HYV-Pflanze implantiert. Das Saatgut aus der Kunstpflanze wird dann wieder im Süden verkauft. Zum Beispiel im Rahmen einer »Grünen Revolution« oder eines »Integrierten Landwirtschaftsprojektes«. Die Kastraten verbreiten sich nun in der Gegend, in der bisher das Keimplasma der Wildsorten gesammelt werden konnte. Die Eunuchen vernichten ihre Blutspender. Allein zwischen 1965 und 1975 ist im Nahen Osten der Artenreichtum bei diesen Pflanzen um die Hälfte zurückgegangen.

Eines sollte jeder begreifen können. Bei den Wawilow-Zentren geht es überhaupt nicht mehr um die Devise: Rettet die Natur! Oder: Schützt die Wildpflanzen! Es geht darum, daß die Kultur- und Kunstpflanzen ohne Keimplasmatransfusionen am Ende sind. Das genetische Erbgut eines Jahrtausends in einem bestimmten Tal kann – wie H. G. Wilkes sagt – buchstäblich mit einer einzigen Schüssel Haferbrei verschwinden. Beim Händler wird dann das HYV-Saatgut geholt. Diese Entwicklungen darf man getrost unter die Überschrift »Industrialisierter Hunger« stellen. Wenn die Transplantationen ausbleiben, weil es kein Keimplasma mehr gibt, dann bricht unweigerlich das Massensterben unserer Nutzpflanzen an. Eine Rückkehr zur alten Landwirtschaft wird nicht möglich sein, weil die genetische Vielfalt ja abgeräumt ist. Noch kann die globale Flurbereinigung den Ballon der Nahrungsmittelproduktion aufpusten. Jetzt für fünf Milliarden Menschen. Übermorgen für zehn Milliarden. Aber den Augenblick, in dem der Ballon platzt, den kann man schon absehen: dann eben, wenn das Keimplasma aufgebraucht ist.

Wer einen Blick aus dem Flugzeug auf die Lichter einer nächtlichen Großstadt wirft, kann den Eindruck gewinnen, man blicke auf eine wuchernde Bakterienkultur. Überwuchern die fünf Milliarden heute, die zehn Milliarden Menschen morgen die eigene Nahrungsbasis? So, daß dem rasenden Wachstum ein ebenso plötzlicher Zusammenbruch folgt, weil die gleichgeschalteten Pflanzen wie ein Kartenhaus zusammenfallen und das Fundament menschlichen Lebens so verschwindet?

Aber – so der Einwand – kann man denn nicht das genetische Material in Keimbanken aufbewahren? Geschieht das nicht auch schon?

Die wichtigste lateinamerikanische Maiskeimplasmasammlung in Peru ging verloren, als die Kompressoren der Kühlschränke ausfielen. Die wahre, wilde Natur findet sich zunehmend in Tiefkühltruhen, und die können nun einmal versagen. Vor allem aber ist interessant zu sehen, wer über diese Tiefkühltruhen verfügt. Es sind nämlich die Saatgutproduzenten, die sich das Keimplasma sichern. Acht Konzerne beherrschen 55 Prozent des Hybridmarktes. Sie verwalten immer deutlicher die Welternährung.

Es lohnt sich, einen Blick auf die Saatgutproduzenten zu werfen. Wer heute in der Gärtnerei oder im Supermarkt eine Tüte mit Samen kauft, hat meist schon Kastraten erstanden. Pflanzen bekommt er mit hohem Ertrag, aber ohne Fortpflanzungsmöglichkeit. Für die Saatgutproduzenten ideal, denn die Kleingärtner und die Großlandwirte sind jedes Jahr wieder darauf angewiesen, das Saatgut neu zu kaufen. Schon heute sind es weltweit eine Handvoll Saatgutfirmen, die dieses Geschäft in der Hand haben – und die damit auch die

Welternährung dirigieren können. Saatgut und Pflanzen sind durch Patente geschützt. Die Zeiten, in denen der Bauer sein Saatgut als wichtigstes Überlebensgut in das nächste Jahr rettete, sind vorbei. Die auf diese Weise patentierten Pflanzen haben den Vorteil, daß sie nun auch so verändert werden können, daß nur die Pestizide und Düngemittel der gleichen Firma wirken. Es ist dann wie bei Autos: Ersatzteile anderer Firmen kann man gar nicht benutzen. Es ist sogar schon damit begonnen worden, Pflanzen so zu konstruieren, daß die Pestizide, die Abwehrwaffen sozusagen, in das Saatgut implantiert werden. Die Landwirte sind damit dauerhaft an der langen Leine der Saatgutproduzenten.

Die moderne Welt scheint immer bunter zu werden. Aber sie wird in vitalen Bereichen immer monotoner. Es waren einmal 3000 Arten Nahrungspflanzen kultiviert. Heute sind es gerade noch fünfzehn Pflanzen, die faktisch der Welt als Hauptnahrungsmittel dienen. Und davon sind es drei, die das Saatgetreide der Welt darstellen: Weizen, Reis und Mais. Mit diesen drei Sorten sind 66 Prozent des Saatgetreides der Welt erfaßt.

Eine Horrorvision: Im nächsten Jahrtausend könnte die Welt von zehn Milliarden Menschen bevölkert sein, die, soweit das Auge reicht, nur noch drei Nahrungspflanzen anbauen: Reis in Asien, Mais in Afrika und Lateinamerika, Weizen in Europa und den USA.

Ein wachsender Anteil der landwirtschaftlichen »Natur«-produkte wandert übrigens schon heute in den chemisch-technischen Bereich: Kartoffeln und Mais dienen zur Herstellung von Pappe, Klebstoff und Pharmazeutika. Aus Pflanzenfetten werden Waschmittel, Farben und Hydraulikflüssigkeiten gefertigt. Die Produktion von Brennstoff aus Raps ist noch zu teuer. Das kann sich aber ändern, wenn der Ölpreis drastisch steigt.

Ist das die schöne neue Welt?

Mexikanische Bauern beziehen aus den USA hybrides Maissaatgut, und tibetanische Bauern bekommen Gerstensaat aus einem skandinavischen Pflanzenzuchtlabor. Ob Tibet oder Mexiko – beide Regionen werden so zu Orten der Uniformität. Das mag die Sentimentalen stören, denen es graut vor einer Welt, in der die Umwelt auf den Wechsel zwischen endlosen Maisfeldern und endlosen Reisfeldern schrumpft. Aber wer an solchen schon heute vorherrschenden Monokulturen vorbeifährt, sollte nicht nur deren verödete Monotonie beklagen, sondern sollte die unsichtbaren Pflegekräfte um diese Felder schwirren sehen: Pestizid und Gülle umkreisen ihre Schützlinge und bewahren sie vor dem Zusammenbruch. Aber mit ein wenig Phantasie ist der immer schnellere asthmatische Atem dieser überfressenen Laborkastraten zu hören.

## Kunsttiere

Was mit Pflanzen bereits weit vorangetrieben ist, das findet sich in ähnlichem Ausmaß bei Tieren. Wo sie Nutztiere sind, sind sie kaum noch mit »Natur« in Verbindung. Was für eine alberne Klage über die Großstadtkinder, die noch nie eine Kuh gesehen haben. Die Schwarzbunte, die da auf der holsteinischen Weide steht, oder die sanfte braune Almkuh – sie sind immer häufiger Retortentiere.

Rinder entstehen heute nicht mehr, wenn der Bulle zur Kuh geführt wird. Sie entstehen durch Firmen, die so schöne Namen tragen wie Genetic Engineering AG oder Sunshine Genetics. Gena Chorea hat die Embrytechnologie recherchiert: Zunächst werden Kühe mit Hormonen bombardiert, um so »Superovulation« auszulösen. Bei Säugetieren wächst pro Zyklus nur eine begrenzte Zahl von Eiern heran. Superovulation sorgt dafür, daß es mehr sind. So wird erst einmal die Voraussetzung dafür geschaffen, daß nicht nur einige Eier zur Verfügung stehen, sondern Dutzende. An der Maximierung wird gearbeitet. Künftig sollen Enzyme das Gewebe fressen, das die Eierstöcke zusammenhält. Dann kann man Hunterttausende von Eizellen aus den Eierstökken »befreien«.

Wenn die Kühe mit Hormonhilfe superovuliert sind, werden die Eizellen künstlich befruchtet. Sind die Eier befruchtet, dann werden die Eierstöcke ausgespült und unter dem Mikroskop bewertet. Die Embryonen werden nach Qualität sortiert und sofort in schon wartende Leihmütterkühe implantiert. Eine Kuh kann so heute mit Hilfe ihrer Filialen 60 bis 70 Kälber auf einen Schlag bekommen. Die Kälber werden häufig durch Kaiserschnitt entbunden, weil sie oft zu groß sind für die kleineren Rassen, die diese Embryonen austragen.

Drei Tierproduktionstechniken werden den Markt noch einmal revolutionieren (der Schritt vom Rind zum Menschen ist in der Nachwuchsproduktion technisch ein minimaler Schritt):

1. Es ist kein Problem mehr, befruchtete Embryonen in die Gefriertruhe zu legen und auf Bestellung abzugeben. Man ruft den Transferfachmann an, wenn Leihkühe bereitstehen, und setzt den Embryo ein, wenn Bedarf besteht. Die »natürlichen« Entwicklungen können vom anderen Störungsende her auch beseitigt werden: Durch Hormonschüsse ist es möglich, Kühe, die eigentlich noch Kälber sind, sehr viel früher zu Leihmüttern zu puschen.

2. Aus einer Zelle können zwei gemacht werden. Die Anzahl der Embryonen einer wertvollen Spenderin kann so verdoppelt werden. Identische Tiere: identi-

scher Ertrag. Ein weiterer raffinierter Schritt ist dann das Embryosplitting. Ein Zwilling wird implantiert, und es wird abgewartet, ob aus dem Embryo ein ertragreiches Produkt wird. Ist das Ergebnis gut, wird der Zweitembryo aus dem Tiefkühlfach geholt und implantiert.

3. Bei der Embryobestellung ist noch nicht klar, ob ein weibliches oder männliches Tier ausgetragen wird. Die Geschlechtsbestimmung beim Embryo ist selbstverständlich möglich, ist aber noch teuer und aufwendig. Es wird nicht lange dauern, dann ist diese Möglichkeit Routine geworden.

Zur Erinnerung: Das griechische Wort »physis« (lateinisch »natura«) wird von Wulfila mit »gabaurths« (Geburt) übersetzt. Wulfila hat die Bibel etwa 369 ins Gotische übertragen. Vor dieser »Geburt« stand der Mensch wie vor einem Geschenk des Schöpfers, das lateinische »natura« bezeichnet den Akt des ständigen Hervorbringens (lateinisch »natus«: geboren). Eine Zeitlang stand früher im Deutschen an Stelle des Wortes Natur auch »Zeugemutter«. Wenn wir von Natur reden, dann ist damit also ursprünglich der Akt der Schöpfung, der Geburt des Lebens, gemeint. Und genau dieser Akt der Geburt ist – ob bei Pflanzen, bei Tieren und eben auch beim Menschen – immer deutlicher ein Akt des Machens, der technischen Tätigkeit des Menschen, der die Pflanzen und Tiere produziert. Er hat sich an die Stelle des Schöpfers gesetzt. Und deswegen ist Natur nicht mehr Natur, sondern das Menschengemachte: Retortennatur.

Aber es ist ja gar nicht damit getan, daß der Akt des Erzeugens von Tieren zur technischen Angelegenheit geworden ist. Die aus der Retorte entsprungenen Tiere können dem Ideal einer Milchfabrik noch viel näher gebracht werden.

Mit der Zauberformel BST wird aus der Kuh ein Milchautomat, den man nach Belieben an- und abschalten kann. Wie? Bovines Somatotropin (= BST) ist ein Hormon, das bei Kühen die Milchproduktion beschleunigt. Dieses Hormon läßt sich mit Hilfe gentechnisch manipulierter Bakterien züchten. Das Hormon ist von vier Biotech-Firmen patentiert worden. Das Genpräparat ist zwar noch nicht freigegeben, aber wer zweifelt, daß sich der Fortschritt durchsetzen wird? Die Turbokuh kommt. Leid wird nicht ausgeschlossen sein, denn die Euter entzünden sich unter dem Ansturm der Hormonmilch. Der Wärmehaushalt der Drogenkühe wird im Sommer nicht gedrosselt. Hitzekoller und hechelnder Atem sind bisweilen nicht zu vermeiden. Ökonomisch ist der Sinn dieser wandelnden Superkühe nicht gleich erkennbar. Hat die EG nicht Mühe, den Milchstrom aufzufangen, und verursachen Milchsee und Butterberg nicht gewaltige Kosten? BST ist rationell nur in landwirtschaftlichen Großbetrieben zu nutzen. Amerikanische und europäische Kleinbauern werden BST – wenn es erst einmal eingesetzt wird – nicht überleben. Und dann macht BST wieder Sinn.

Aus der Kuhherde werden auf diese Weise in Zukunft Milchautomaten. Und das ist erst der Anfang. Der EG liegen eine ganze Reihe von Anträgen auf Genehmigung vor, bei denen genmanipulierte Leistungsverstärker in der Nutztierhaltung zum Zuge kommen sollen. Die Natur wird zum Hemmnis, die aus den Tieren ausgetrieben werden muß. Warum kein Schwein, das mehr Rippen hat als das konventionelle Schwein? Warum nicht eine Mischung aus Schaf und Ziege? Wann werden Zoos dazu übergehen, die Kunsttiere auszustellen, statt sich auf aussterbende Alttiere zu konzentrieren? Ein postmoderner Zoo würde sich nicht mehr damit begnügen, Sumpfhirsch und Mähnenwolf zu präsentieren, sondern auch Turbokuh, Schiege und 14-Rippen-Schwein.

Es ist wie bei Pflanzen. Auch unsere Nutztiere sind bereits De-facto-Pflegefälle. Künstlich gezeugt, als Embryo tiefgefroren bis zur Verwendung, dann implantiert. Nach Kaiserschnitt auf die Welt gekommen, die für Tiere Anlagen bereithält, die dem Labor oder dem Fließband ähnlicher sind als dem Stall. Und schließlich maschinell getötet und verarbeitet.

Die Menschen sind gerade dabei, die Grenze zu überschreiten: Bisher war die Tierzucht eine Angelegenheit, bei der die Natur durch genaue Beobachtung des Menschen auf neue Wege gelockt wurde, um eine Spezies als Nutztier geeigneter zu machen. Dann wurde die kontrollierte Laborproduktion des Nachwuchses Routine. Aber der Umbau der Tiere und die Erschaffung neuer Nutzwesen hat begonnen. Die Verwischung der Grenzen kündigt sich unaufhaltsam an:

1981 wurde zum erstenmal ein Haustier als Leihmutter für ein Wildtier benutzt. Das Gaur ist ein indisches Wildrind, vom Aussterben bedroht. Ein Gaur-Embryo wurde in dem New Yorker Bronx-Zoo einer Holsteiner Schwarzbunten eingepflanzt. Die Kuh brachte dann das Gaur zu Welt. So ähnlich beherbergte ein Hausschaf ein sardisches Wildschaf. Zoodirektoren und Wissenschaftler dürfen schwelgen: Pygmäenschimpansen, die sich im Zoo nicht recht vermehren wollen, kann man in Schimpansen reproduzieren. (Wie bei Kühen kann ja durch Superovulation gleich ein ganzer Stamm hergestellt werden!) So werden denn wohl bald ordinäre Löwinnen seltene indische Leoparden gebären, und Holsteins Schwarzbunte werden mit Elenantilopen und Wisenten niederkommen. Aber auch Wildtiere selbst können als Leihmütter fungieren. Zum Beispiel die selten gewordene Säbelantilope. »New Scientist« berichtet 1991: In Südafrika wurde eine Antilopenart mit einem Hormon zu einer Superovulation veranlaßt. Dann wurde diese Kuh mit einem wildlebenden Bullen gepaart. Nach sechs Tagen wurden zwei Embryonen entnommen und tiefgefroren. Eine Gemsbockantilope bekam dann einen der Embryonen eingepflanzt, nachdem ihr Zyklus mit einen Progesteron-Implantat auf die Schwangerschaft vorbereitet worden war.

Bald sollen schwarze Nashörner durch weiße Nashörner ausgetragen werden. Die Ei-Ernte nach einer Nashorn-Superovulation sei – so heißt es – recht hoch.

Tiere ohne Grenzen von Zeit und Raum: 1991 gelingt es, 11 000 Jahre alte Bakterien aus einem Mammut zu vermehren, das gefunden worden war. Lebewesen, die mithin älter sind als die Anfänge der Pharaonenreiche. Da begannen gerade im Südosten der Türkei Menschen die ersten Götterfiguren zu errichten.

Neuerdings wachsen die schwarzen Flecken auf dem Wattenmeer. Jeder weiß inzwischen, daß diese eigentümliche Landschaft so wichtig für viele Lebewesen ist wie der tropische Regenwald. Aber vermutlich durch Überdüngung sterben immer schneller wachsende Bereiche des Wattenmeeres ab. Sind biologisch tot. Sind durch menschliche Einwirkung zu Kloaken geworden. Die Areale, die wir natürlich nennen, gehen zugrunde. Aber gleichzeitig wächst die Möglichkeit der technischen Reproduktion von Wattvögeln. Als Exemplare, die im Zoo vorgezeigt werden, können sie erhalten werden. Vor unseren Augen kippt das Verhältnis um: Einst war Natur das alles Beherrschende, und die Menschen haben ihre kleinen Kulturflecken der gigantischen, wuchernden, bedrohenden Natur abgerungen. Jetzt wachsen die Kulturflecken wie schwarzer Krebs. Jetzt ist das wilde Tier Natur eingesperrt. Die Erde ist zu einer riesigen Weide- und Ackerfläche für die Tier- und Pflanzenproduktion geworden. Die Natur wird vertrieben, die Plantage ergreift die Weltherrschaft. Die wilde Natur aber kann – nachdem sie überwältigt ist – in Embryonenbanken und in Zoos zur Schau gestellt werden. Die Angst vor dem Aussterben von Tieren ist zu bannen. Sie liegen ja alle auf dem biologischen Nummernkonto. Zur Wiederauferstehung kann gebracht werden, was der Mensch wiederauferstehen lassen will. Es ist ihm – so scheint es – wirklich gelungen, sich auf den Thron Gottes zu setzen.

# Die Ermordung der Meisterdenker

## Marx, Darwin und Freud

Das sind sie die Riesen des 19. Jahrhunderts: Marx, Darwin und Freud. Sie haben die Weltanschauung ihres und des folgenden Jahrhunderts geprägt. Auf den Schultern dieser Riesen sitzen wir.

Die drei sind eine säkularisierte Trinität: Darwin in der Rolle des Vaters und Schöpfers, der uns die Natur offenbart, Marx in der Rolle des Heiligen Geistes, der durch die Geschichte weht, und Freud als der Menschensohn, der hinter das Geheimnis der gequälten Seele schaut.

Die Bewunderung dafür, wie nachdrücklich die Gedankengebäude dieser drei das 20. Jahrhundert geprägt haben, kann nicht darüber hinwegtäuschen, daß die Dogmen dieser Trinität am Ende dieses Jahrhunderts brüchig werden. Marx hat sich als falscher Prophet erwiesen. Darwin verwechselte den Gang der Natur mit den Brutalitäten des Manchester-Kapitalismus. Und Freuds alles befriedigende Seelentheorie kann man auch als Expedition zur Kolonialisierung des Innenlebens verstehen. Die drei haben die Ingredienzien geliefert, aus dem die Kosmologie des 20. Jahrhunderts gemixt wurde.

Die Dreierallianz zeichnet sich dadurch aus, daß sie ihre Thesen mit großem wissenschaftlichem Pathos vorträgt. Das wissenschaftliche Getöse der drei Heroen stellt sich aber, je länger es in diesem Jahrhundert nachhallt, um so hörbarer als Theaterdonner heraus.

Gegen Marx – und besonders gegen seine politischen Exekutoren – hat sich die Geschichte gewendet. Seine Voraussagen sind hinfällig. Es ist noch nicht absehbar, wie weit die Folgen dieses politischen und ideologischen Zusammenbruchs reichen. Es sind nicht nur die intellektuellen Eliten der dritten Welt, die feststellen, daß die Rezepte, die zu einer besseren Welt führen sollten, ein Medikament mit verheerenden Nebenwirkungen verschreiben. Auch die Intellektuellen Europas bezogen ihre Zukunftsvorstellungen aus dem marxistischen Konzept. Sie finden sich alle in einer Sackgasse, in einer Fallgrube wieder. Dabei schüttet man gerade das Kind mit dem Bade aus: Es ist ja nicht zu bestreiten, daß Marx den Anstoß zu dramatischen sozialpolitischen Kursänderungen gegeben hat. Er hat der Arbeiterbewegung ein theoretisches Werkzeug in die Hand gegeben, eine Waffe, mit der die Interessen der Ohnmächtigen jedenfalls teilweise durchgesetzt werden konnten.

»Übrigens ist der Darwin, den ich gerade lese, ganz famos«, schreibt Marx 1859 an Engels. Marx muß überlesen haben, daß Darwin der Meinung war, die Anhäufung von Kapital sei Voraussetzung für Zivilisation: »Es ist indessen das Erben von Besitz und Eigentum durchaus kein Übel. Denn ohne die Anhäufung von Kapital könnten die Künste keine Fortschritte machen, und es ist hauptsächlich durch die Kraft dieser geschehen, daß die zivilisierten Rassen sich verbreitet haben und jetzt noch immer ihren Bereich erweitern, so daß sie die Stelle der niedrigeren Rassen einnehmen.« Aber Marx und Darwin sind eben darin Blutsbrüder, daß sie Natur und Geschichte als eine Art Hockenheimring betrachten, bei dem es gilt, vom Start bis zum Ziel vorzupreschen.

Sosehr Karl Marx in die Abwicklung seiner politischen Erben verstrickt ist, sowenig ist der Ruf Darwins, dieses anderen großen Kosmologen, bisher beschädigt.

Darwin ist – wie Marx – ein Theoretiker des Industriezeitalters. Mit dem Ende der Industriegesellschaft und dem Heraufdämmern postindustrieller Informationsgesellschaften öffnen sich die Tore des Museums, in dem Dampflokomotive und die Theorie von der »natürlichen Zuchtwahl« gemeinsam ausgestellt werden. Darwin hat – auf die kürzeste Formel gebracht – keine Ordnungen der Natur entdeckt, sondern die industrielle Ordnung des frühen Industriezeitalters in die Natur projiziert. Darwin ist das englische Bürgertum, das in den Spiegel der Natur schaut und nichts als das eigene Verhalten entdeckt (Otto Rank). Die breite Front der Kritiker an dem Konzept Darwins resümiert Jeremy Rifkin, und er hat diese Kritik so zugespitzt, daß dieser Abrißplan unabweisbar scheint. Darwin wird abgewickelt.

## Was sind die wichtigsten Argumente?

Das in der englischen Wirtschaft des vorigen Jahrhunderts praktizierte Prinzip »Überleben des Stärkeren« und das Konkurrenzethos dieser englischen Volkswirtschaft überträgt Darwin auf Pflanzen, Tiere und Menschen. Er entwirft im Maschinenzeitalter ein mechanisches Konzept des organischen Lebens. »In einer auf Erwerb und Vererbung gegründeten Gesellschaft beschrieb er Erwerb und Vererbung als wichtigste Voraussetzung des biologischen Lebens« (Geoffrey West). Darwin hat – mit anderen Worten – die Natur mit einem englischen Charakter ausgestattet und hat ihr die Motive des englischen Marktes untergeschoben.

Am Anfang seines Entwurfes steht bei Darwin die »natürliche Zuchtwahl«. Was ist damit gemeint? Einige Exemplare einer Art weisen Variationen auf. Einige dieser Variationen sind erblich. In jeder Generation werden mehr Individuen gezeugt als überleben. Es entbrennt der Kampf ums Dasein. Wer mit seinen Variationen der Umwelt besser angepaßt ist als andere, überlebt. Und vererbt seine besser angepaßten Eigenschaften an die nächsten Generationen.

Es ist logisch, daß sich der Gedanke an die Züchtung von Menschen aufdrängt: Die Ziele der Evolution rascher zu verwirklichen – das muß ein reizvoller Gedanke sein. Die Idee mit der »natürlichen Zuchtwahl« ist den Bauern abgeguckt, die in der Viehwirtschaft seit 1750 mit der künstlichen Zuchtwahl experimentierten. Das Ziel der künstlichen Zuchtwahl war Ertragssteigerung: mehr Wolle, mehr Milch, mehr Fleisch. Ob die Natur aber von den Prinzipien der rentablen Investition ausgeht – das ist denn doch sehr die Frage. Schon hier wird sehr deutlich, daß der Schluß von der künstlichen Zuchtwahl auf die sogenannte »natürliche Zuchtwahl« kurzerhand ökonomische Prinzipien in die Schöpfung verlegt – als würden auch Hirsche und Bären Bankkonten führen. Ganz abgesehen davon, daß der »Fortschritt« – jener erste Glaubensgrundsatz des 19. Jahrhunderts – ganz selbstverständlich als die Hefe angesehen wird, die alle Naturprozesse vorantreibt: Die Manie einer kulturellen Epoche wird auf diese Weise zum Naturgesetz hochstilisiert. Man weiß nicht, ob man sich mehr über die Frechheit oder mehr über die Blindheit dieser Unterstellung wundern soll.

Jeremy Rifkin beschreibt, wie die Darwinsche Weltanschauung ihren Siegeszug im Gefolge der Dampfmaschine antritt und allmählich zum Kernstück moderner Anschauung und zum Fundament unseres Bildungsapparates geworden ist. Julian Huxley intoniert diese Überzeugung: »Darwins Theorie ... ist keine Theorie mehr, sondern eine Tatsache. Jeder ernsthafte Wissenschaftler würde ebensowenig in Abrede stellen, daß die Evolution stattgefunden hat, wie er leugnen würde, daß die Erde um die Sonne kreist.«

Inzwischen wächst die Zahl der Ketzer: Sie reicht von Colin Patterson, Paläontologe am British Natural History

Museum in London, bis zu dem französischen Wissenschaftler Pierre P. Grassé, der seine Untersuchungen zusammenfaßt mit den Worten: »Ungeachtet ihres Erfolges bei manchen Biologen, Philosophen und Soziologen halten die erklärenden Doktrinen der biologischen Evolution einer objektiven, eingehenden Kritik nicht stand. Entweder stehen sie im Widerspruch zur Realität, oder sie erweisen sich als unfähig, die entscheidenden Probleme zu lösen, die sie aufwerfen.« Grassé ist der Meinung, daß durch die Verwendung versteckter Behauptungen und durch unzulässige Schlußfolgerungen eine Pseudowissenschaft entstanden ist, die sich im Kern der biologischen Wissenschaft eingenistet hat. Die Darwinsche Theorie entzieht sich jeglicher wissenschaftlichen Untersuchung – ein System, das sich nicht beobachten, nicht reproduzieren, nicht überprüfen läßt.

Die fossilen Zeugnisse, die im populären Bewußtsein das Darwinsche Gedankengebäude am sichersten stützen, sprechen – und das bestreiten auch die Verfechter der Theorie nur noch kleinlaut – eher gegen die Darwinsche Theorie. Aber sind denn nicht die in Gesteinsformationen eingebetteten Fossilien die besten Belege für die Darwinsche Evolutionstheorie? Grassé schlägt vor, jedes Buch über Evolution mit dem Begleitzettel zu versehen: »Aus dem fast völligen Fehlen fossiler Anhaltspunkte für die Entstehung der Stämme folgt, daß jede Erklärung der Mechanismen, auf denen die schöpferische Evolution der grundlegenden Baupläne beruht, mit Hypothesen überfrachtet ist ... Der Mangel an konkreten Beweisen führt zur Formulierung reiner Vermutungen über die Entstehung der Stämme.«

Nach Darwins Theorie müßte es in den Gesteinsformationen von Übergangs- und Zwischenformen wimmeln. In Millionen von fossilen Proben gibt es aber kein einziges überzeugendes Beispiel für eine Übergangsform. Evolutionäre Übergänge zwischen den Arten sind bei den Funden nicht anzutreffen. »Was die ›Zeugnisse‹ tatsächlich erkennen lassen, ist ein Jahrhundert des Vertuschens und Mogelns, in dem sich die Wissenschaftler ohne Erfolg bemühten, die verschiedensten fossilen Teile und Bruchstücke so zusammenzusetzen, daß sie Darwins Vorstellungen entsprachen. Heute sind die Millionen von Fossilien eine unübersehbare und allgegenwärtige Erinnerung an die Dürftigkeit der Argumente und die Fadenscheinigkeit der Theorien, die sich unter dem Banner der Evolution versammelt haben« (Rifkin). Zum Beispiel die Umwandlung von Fischen in Amphibien: Die Umwandlung müßte doch wohl Millionen Jahre in Anspruch genommen und zahllose Zwischenformen hinterlassen haben. Es gibt sie nicht. Auch für den Übergang, der vom Reptil zum Vogel führt, gibt es keinen Beleg. Der Archäopteryx – eine Art Rettungsinsel des Darwinismus – ist bei genauerer Nachprüfung keine Zwischenform. Seine reptilienhaften Züge – Klauen zum Beispiel – sind offenbar eher kosmetischer Natur. Vor allem aber wurden inzwischen in der gleichen geologischen Formation Vogelfossilien gefunden: Archäopteryx und Vögel lebten zur gleichen Zeit, und daher kann der Archäopteryx nicht der ferne Vorfahr sein. Es handelt sich um einen Vogel, nicht um eine Zwischenform zwischen Reptil und Vogel. Die Evolutionstheorie ist dringend auf Bindeglieder zwischen den Arten angewiesen – und die gibt es nicht.

Der Starrsinn der Evolutionsfanatiker läßt sie widrige Fakten übersehen. Ein besonders markantes Beispiel sind die Höhlengemälde der Eiszeit: Diese Gemälde (atemberaubend schön) wurden am Ende des vorigen Jahrhunderts entdeckt. Diese Bilder wirbelten die traditionelle Kunstgeschichte durcheinander: Bis dahin hatten sich die Meister der Kunstgeschichte ihr Evolutionsideal gebastelt. Danach standen am Anfang der Menschheitsgeschichte ungeschickte und primitive Kritzeleien, monströse Versuche, die menschliche

Gestalt nachzubilden. Von diesen primitiven Anfängen an schwingt sich die Kunst allmählich zu den Höhen eines Rembrandt oder Leonardo da Vinci auf. Als die Höhlenmalereien entdeckt werden, bestreiten die Fachleute deshalb zunächst einmal, daß diese Gemälde aus vorgeschichtlicher Zeit stammen können. Die Evolutionstheorie verlockt zu einem Geschichtsrassismus, der von der Höhe der Zivilisation die Vergangenheiten als dumpf und banausenhaft beschreiben muß. Das evolutionäre Ziel der Geschichte ist offenbar der weiße Europäer.

Als zu Beginn dieses Jahrhunderts in der Kalahari jahrtausendealte Feldzeichnungen entdeckt werden, da wird eine besonders schöne Figur unter dem Namen »Die Weiße Frau vom Brandberg« schnell berühmt. Man vermutet, Phönizier hätten diese Bilder gezeichnet, denn die Afrikaner seien zu solchen Kulturleistungen nicht imstande. Heute ist kein Zweifel mehr daran, daß es sich bei den Künstlern um Afrikaner gehandelt hat. Und die Figur ist keineswegs eine weiße Frau, sondern eindeutig ein Mann mit weißer Bemalung. Ein Musterbeispiel für die Ignoranz des evolutionären Betrachters. Aus Darwins Perspektive ist der Blick in die Vergangenheit ein Blick abwärts ins Dunkel, wo die Neger und davor die Affen und davor der präkambrische Urschlamm brüten, bis aus diesem Dunkel der zivilisierte Europäer, speziell der Engländer, hervorgeht. Cecil Rhodes, der einer ganzen Kolonie im Süden Afrikas seinen Namen gab, vertrat die Meinung: Es sei gut, daß England sein Imperium vergrößere, denn die englische Rasse sei als die höchste und am weitesten entwickelte dazu prädestiniert, sich auf der Welt zu verbreiten.

Darwin verleiht der englischen Ökonomie ihre »natürliche« Grundlage, er zieht der Naturgeschichte ein ökonomisches Korsett ein und bietet im gleichen Zug auch noch dem britischen Kolonialismus einen Schöpfungsbericht, der den Engländer zum Stellvertreter Gottes auf Erden macht.

Aber die Blindheit der Evolutionsgläubigen macht auch vor Fossilien nicht halt. Was nicht ins Konzept paßt, wird ignoriert. Vor mehr als achtzig Jahren wurden in Britisch-Kolumbien versteinerte Meerestiere aus dem Kambrium gefunden. Charles Doolittle Walcott brachte 1909 die ersten Funde aus diesem Gebiet nach Washington. Seine Diagnose: Es handelt sich bei diesen Fossilien um typische Vorläufer heutiger Arten. Aber es ist wie bei der erwähnten Weißen Frau vom Kalahari-Brandberg. Auch ein Laie kann bei diesen Funden ahnen, daß da kein Ringelwurm gezeigt wird, sondern ein erstaunliches Fabelwesen, das so in die Darwinsche Evolutionstheorie nicht recht paßt. Der Harvard-Paläontologe Stephen Jay Gould hat die Funde untersucht: Diese Funde sind – so sagt er – bedeutender als die Funde von Dinosaurierknochen oder die Ausgrabung menschlicher Urgebeine. Warum? Diese Versteinerungen sind eben nicht primitive Vorfahren mit ihrem festen Platz in der Warteschlange, die zum Homo sapiens führen. Vielmehr bietet sich da eine staunenswerte anatomische Vielfalt und biologische Komplexität der Fauna. Da gibt es Minipanzertiere auf Stelzen, Garnelen mit Rüssel und fünf Augen (»Opaninia«), und es findet sich ein geripptes Wesen, das Walcott zum Ringelwurm herunterbeobachtet. Tatsächlich handelt es sich wohl um die Frühgestalt eines Wirbeltieres. Gould sagt: Die Vorstellung, das Leben schreite von beschränkten und einfachen Stufen immer weiter vorwärts, um schließlich zielstrebig beim Menschen zu landen, ist falsch. Tatsächlich ist die Naturgeschichte anders verlaufen: Zahlreiche taugliche und differenzierte Lebewesen sind ausgemerzt worden, weil ein geologischer oder kosmischer Zwischenfall ihnen den Weg versperrt hat. Nicht der Tüchtigere überlebt, sondern der vom Zufall (oder vom Glück) Begünstigte. Eher fühlt man sich an eine Lotterie des Lebens erinnert, bei dem einige Arten das richtige Los gezogen haben, andere nicht. Der

Mensch ist nicht das zwangsläufige Ergebnis eines zielgerichteten Prozesses, der unter der Devise »Survival of the fittest« stand, sondern er ist – sagt Gould – das Ergebnis von Zufällen. Die Arten steigen auf und ab. Auch der Mensch: Er taucht auf in der Naturgeschichte, und er wird auch wieder verschwinden.

Aber stützt denn nicht der Blick auf die künstliche Züchtung das Darwinsche Argument? Auch hier stellt sich die Evolutionsidee als brüchiges Konzept heraus. Schweinen wachsen keine Flügel, aus der Apfelsine wird keine Grapefruit, Hühner legen keine zylindrischen Eier. In der künstlichen Züchtung gibt es keine biologische Abweichung in eine andere Art. Vielmehr scheint das Gesetz der künstlichen Züchtung die Rückkehr zum Mittelwert zu sein. Im Laufe mehrerer Generationsfolgen neigen Pflanzen und Tiere dazu, zu einem gegebenen Durchschnitt zurückzufallen. Und was heißt in der künstlichen Züchtung schon »Überleben des Tüchtigsten«? Die Schweine, die aus künstlicher Züchtung entstanden sind, wären keinen Tag überlebensfähig, würde man sie nicht füttern und behüten. Zuchtschweine weisen eine verminderte Lebensfähigkeit aus, und sie überleben nur, weil der Mensch diese Kreaturen bewacht. Durch künstliche Züchtung wird eine Population – wie Rifkin sagt – einträglicher, aber nicht lebenstüchtiger. Die künstliche Zuchtwahl demonstriert nicht das Überleben des Tüchtigsten, sondern sie schafft tierische und pflanzliche Kunstobjekte. Nur wer dem Tiger, der im Zirkus auf dem Ball balanciert, bescheinigen möchte, daß er ein kultivierter Tiger sei, daß er die höchste Entwicklungsform des Tigers darstelle, kann Darwins Zuchtwahlargument die Treue halten.

Ein weiterer gewichtiger Einwand gegen Darwin: Wieso gibt es eigentlich noch Varietäten, die nach dem Prinzip der natürlichen Selektion längst verschwunden sein müßten, weil sie von überlegenen Arten doch überholt sind? Warum leben die Relikte? Und wie soll man sich umgekehrt die Entstehung von neuen Organen erklären, die über eine endlos lange Zeit keinen Sinn haben konnten? »Da das Auge offenkundig erst in seinem letzten, vollkommenen Entwicklungsstadium von Nutzen ist, wie kann dann die natürliche Selektion in den ersten Stadien seiner Evolution funktioniert haben, als die Veränderungen noch keinen Überlebenswert gehabt haben können? Keine Veränderung, kein Einzelteil ist ohne alle anderen von geringstem Wert, und da die natürliche Selektion angeblich keine Kenntnis von dem Endzweck und der Bestimmung des Organs besitzt, erscheint das Kriterium der Nützlichkeit oder des Überlebenswertes hier ohne Bedeutung« (Gertrude Himmelfarb). Darwin selbst hat den Fall des Auges lieber nicht in Betracht gezogen: »Bis auf den heutigen Tag läuft mir beim Gedanken ans Auge ein kalter Schauer über den Rücken.«

Was gibt es noch für Argumente? Jeder Abiturient wird an den Kiemenspalten festhalten, um Darwin zu verteidigen. Oder am Steiß oder am Blinddarm. Die Kiemen, die der Embryo noch hat, der Steiß, der den Rest eines ehemals vorhandenen Schwanzes erkennen läßt. Ontogenese: Angeblich wiederholt der Embryo die Phylogenese und durchläuft die Hauptstufen der Evolution. Es ist eigentümlich, wie ein biologisch längst widerlegtes Gerücht sich in den Köpfen halten kann. Tatsächlich sind die angeblichen Kiemenspalten Schlundtaschen, die sich nicht zur Kehle hin öffnen, sie bilden Drüsen, den Unterkiefer und Teile des Innenohrs aus. Und der Steißwirbel ist alles andere als ein Schwanzrudiment. Diese Wirbel sind wichtige Fixpunkte für die Steißmuskeln, also nicht rudimentäre, sondern unverzichtbare Körperteile.

Darwins System gehört nach wie vor zum Weltanschauungskosmos des modernen Menschen. Der Biologe und

Philosoph Ludwig von Bertalanffy dazu: »Ich glaube, der Umstand, daß eine Theorie zum Dogma geworden ist, die so unscharf, so schwer verifizierbar und so weit von allen Kriterien entfernt ist, die sonst in der ›harten‹ Wissenschaft Anwendung finden, läßt sich nur soziologisch erklären. Gesellschaft und Wissenschaft waren so tief verwurzelt in mechanistischem Gedankengut, Utilitarismus und dem Wirtschaftsbegriff des freien Wettbewerbs, daß sie Gott als höchste Wirklichkeit durch die Selektion ersetzten.«

Das mag der Grund dafür sein, daß die Gemeinde der Evolutionsgläubigen immer noch groß ist. Ironie der Geschichte: Darwins Konzept wurde heftig von Bibelfundamentalisten angegriffen. Gotteslästerung wurde ihm bescheinigt. Doch längst sind die Darwinisten die wahren Fundamentalisten. Sie klammern sich an seine Theorien wie Fundamentalisten an den Wortsinn des Schöpfungsberichtes.

Drei Zusammenbrüche hat der moderne Mensch erlebt: zuerst die kopernikanische Wende: Die Erde ist nicht der Mittelpunkt des Weltalls. Dann die darwinsche Offenbarung: Der Mensch wurde nicht von Gott in den Garten Eden gesetzt. Er stammt vom Affen ab. Und schließlich behauptet Freud, daß der Mensch nicht Herr im eigenen Haus sei, er sei vielmehr getrieben von unbewußten Mächten, die ihn schütteln können wie ein Orkan.

Diese drei Zusammenbrüche erweisen sich aber inzwischen als vergleichsweise harmlose Infekte: Für Kopernikus war die Erde immerhin noch ein Objekt mit klaren Konturen, während seit Einsteins Beobachtungen die Grenzen zwischen Subjekten und Objekten verschwimmen.

Bei Freud gibt es immerhin noch das Haus des Selbst, in dem wir freilich einige Dämonen beherbergen. Aber auch da geht der Schritt in die Bodenlosigkeit. Ist das Haus vielleicht eine fromme Einbildung? Löst sich womöglich die Person, das Individuum, vor unseren Augen auf, trotz des krampfhaften Versuches, die Grenzen der Person (mit Hilfe der Plastikvokabel »Identität«) zu retten?

Vollends aber war Darwins Theorie geradezu lammfromm: aus heutiger, aus postmoderner Sicht. Die Menschen haben sich damals über den Vetter Gorilla empört. Aber Darwin hat ja zugleich einen letzten Versuch gemacht, den toten lieben Gott zu retten. Er heißt zwar bei ihm nicht Gott, sondern Selektion. Jedoch er präsentiert die Naturgeschichte als Andachtsbild, auf dem der Heilige Geist durch das Prinzip Selektion ausgetauscht wurde.

Alle drei – Kopernikus, Darwin und Freud – retten den Menschen, seine Einzigartigkeit, indem sie ihm die Rolle des erkennenden Subjekts lassen. Die kränkende Erkenntnis wird vom Menschen – und nur vom Menschen – eingeordnet in einen Denkzusammenhang, den nur er erkennt: Cogito ergo sum. Ich denke, also bleibe ich im Zentrum, auch wenn die Sonne nicht um die Erde kreist und auch wenn mein nächster Verwandter der Affe ist.

Der oben erwähnte Stephen Jay Gould hat gezeigt, daß Darwin irrt, daß es ein solches gottähnliches Walten in der Natur nicht gibt. Die Naturgeschichte ist kein Bild mit einer Zentralperspektive, die einen konsequenten und unbeirrten Weg vom Einzeller zum Homo sapiens zeigt. Die Naturgeschichte ähnelt eher einem abstrakten Gemälde, an Pollock und Picasso ist zu denken statt an Rembrandt oder an da Vinci.

Unsere Nachkommen werden die Welt nicht aus der Perspektive Darwins erklären. Wodurch werden die noch von Darwin geprägten Schulbilder ersetzt werden? Die Postmoderne muß ohne Perspektive auskommen. Jeremy Rifkin warnt vor der Illusion, wir könnten die Darwinschen Irrtümer nun endlich durch die Wahrheit ersetzen. Das Darwinsche Konzept entstammte der Manchester-Ökonomie, deren Prinzipien in die Natur zurückverlegt wurden. Auch in der Zukunft werden sich die Menschen eine Kosmologie zurechtlegen, die aktuelle Ideen in die Natur zurückzuspiegeln versucht. Für das anbrechende biotechnische Zeitalter dürfte die einschlägige Kosmologie – statt »Selektion« – den Namen »Feld« tragen.

Wenn einer Taufliege das Gewebe entnommen wird, das normalerweise die Augen produziert, wenn dann dieses Gewebe in die Abdominalhöhle einer »erwachsenen« Taufliege implantiert wird, dann entwickelt sich daraus ein Flügel- oder ein Teil des Flügels. Tony Nuttal, der dieses Experiment durchführte, fragt: Wieso wird der genetische Code dieser Zellen an einem anderen Ort anders gelesen? Es gibt dafür die Erklärung: Ort und Umwelt entscheiden über das Zellverhalten. Die Struktur – das Feld »Auge« oder das Feld »Flügel« – prägt die Materie.

Mit anderen Forschern ist Rifkin der Meinung, daß es biologische Felder gibt, ebenso wie die uns vertrauten elektromagnetischen oder die Gravitationsfelder.

Wer einen hufeisenförmigen Magneten in Eisenspäne taucht, der kann ein Feld, eine Struktur, entstehen sehen, dem sich die Spänematerie fügt. Die Struktur, das Feld, ordnet die Materie.

»Wenn Sie das nächste Mal Ihrem Freund ins Gesicht sehen, dann denken Sie an den ziemlich seltsamen Umstand, daß in einem halben Jahr nicht ein einziges der Moleküle, die Sie jetzt erblicken, noch dort sein wird. Alle diese Milliarden Moleküle werden vollständig ersetzt sein« (Rifkin).

Die Darwinsche Auffassung sieht lauter kleine Zellapparate, die das Gesicht bauen. Es ist mit dieser Vorstellung schwer zu erklären, wieso die Einzelzelle weiß, was ihre Aufgabe ist. Erklärt man das Gesicht aber als ein biologisches Feld, als eine unsichtbare Struktur, die ihre Einzelteile koordiniert, dann ist das Taufliegenphänomen verständlicher. Ein anderes Beispiel: Aus dem abgetrennten Fühler einer Gottesanbeterin – diesem großen, grünen, heuschrekkenähnlichen Insekt – wird ein Flügel oder ein Bein entstehen, je nachdem, in welche Region des Organismus die abgetrennten Zellen verpflanzt werden.

Würde der Beobachter eines Mauersteins auf die Größe eines Moleküls schrumpfen können, dann sähe er keine feste Struktur mehr, sondern eine schwirrende Versammlung von mobilen Teilchen in einer unsichtbaren Umzäunung. Der Mauerstein macht noch einmal deutlich, wie hilfreich der Begriff des Feldes sein kann, wenn erklärt werden soll, wie Veränderungen – ehemals Evolutionen genannt – in der Natur vonstatten gehen.

Die Versuche, Darwin durch ein anderes Denkmodell zu ersetzen, sind vorerst tastend. Stephen Jay Gould zum Beispiel arbeitet mit der Idee vom »unterbrochenen Gleichgewicht«.

Die Arten – so läßt sich feststellen – ändern sich über lange Zeit nicht. In besonderen Situationen aber – Katastrophen, Isolationen – können sich in kurzer Zeit neue Arten entwikkeln (man könnte sagen, die Materie ordnet sich neu in ein verändertes Feld). Lange Phasen des Gleichgewichts werden von kurzen Phasen plötzlicher Artbildung abgelöst – deshalb finden sich auch kaum Fossilien, die Zwischenstufen belegen. Stellt man sich die Organismen vor als biologische Felder, dann läßt sich eine Idee davon gewinnen, wie sich diese Felder auf andere Rhythmen und Umstände hin orientieren. Der Magnet ändert seinen Ort – und die Struktur der Eisenspäne ändert sich.

Zu dem Denkmodell »Feld« tritt aber noch ein anderer Begriff, der allmählich den Darwinschen Evolutionsgedanken ersetzt und als Denkmodell die Entstehung des Lebens und seine Differenzierung erklären will: Kybernetik. Noch sind Feld und Kybernetik zwei sich mißtrauisch gegenüberstehende Ideen. Wenn sie sich vereinigt haben werden, dann ist die neue, die postmoderne Kosmologie fertig.

Kybernetik: ein Begriff, der sich zunehmender Beliebtheit erfreut. Die eine Seite der Systemtheoretiker denkt, sie hätte endlich die Wahrheit gefunden, die andere sieht, daß auch die Kybernetik nicht das letzte Wort haben wird. Das Konzept ist kompliziert, die Idee eher simpel: Wir wissen inzwischen, wie Darwin auf die Frage »Wie funktioniert die Natur?« geantwortet hat: »Wie der Kapitalismus.« Welche Antwort bekommen wir heute auf die Frage: »Wie funktioniert die Natur?« Die Antwort lautet: »Wie ein Computer« oder: »Wie ein Regelkreis« oder: »Wie ein System.« Konzepte für die Grundlagen des Lebens entspringen nicht mehr der englischen Fabrik, sondern den Informatiklehrstühlen. Und man kann sie sehen, die jungen Informatikstudenten, die ihre Antworten wissen und die Torheit der Altvorderen belächeln. Schon wieder entsteht eine Gemeinde, die ihre kybernetische Weltsicht als etwas darstellt, was nur Ignoranten übersehen. Leben? Leben ist Information. Der Einzeller ist ein kleiner Regelkreis, ein kleines System, das sich gern zu einem System höherer Komplexität entwickeln möchte. Dazu muß es seine Informationsverarbeitung verbessern.

Einerseits ist das banal. Nun kommt also die Kosmologie nicht mehr wie bei Darwin aus der Fabrikhalle, sondern aus dem Rechner. Die Kybernetik bietet den theoretischen Rahmen, der Computer den Mechanismus und lebende Zellen das Material für die Organisation des Lebens. Eine postmoderne Kosmologie, die Mensch und Natur als Informationsprogramme begreifen lehrt. Aber andererseits ist das eine sehr praktisch tragbare Mode. Darwins Epoche konnte das Schlagwort »Survival of the fittest« sehr gut im Geschäftsalltag gebrauchen. So ist das auch mit der Kybernetik. Ist die Natur, ist der Mensch erst einmal als ein informationenverarbeitendes System gedacht, dann kann man ihm auch was zu arbeiten geben. Die Kybernetik ist die Aufforderung, Mensch und Natur als veränderbare Systeme zu begreifen. Das Darwinsche Selektionsprinzip behauptet, den Fortschrittswillen der Natur in der Züchtung praktisch umzusetzen. Das schließt auch die Züchtung besserer menschlicher Rassen ein. Das kybernetische Modell verweist nicht auf eine Perspektive in der Naturgeschichte. Es malt flächige, geschichtslose Bilder. Fast spielerisch, ziellos kann der Gedanke aufkommen, in Systeme des Lebens einzugreifen, um sie zu komplizieren, zu vereinfachen, umzubauen, zu kombinieren.

Was der Zerfall Marxscher Utopien für das ausgehende 20. Jahrhundert bedeutet, beginnen wir allmählich zu begreifen. Wenn aber nun der Fall Darwin aufgerollt wird, dann bricht ein weiteres zentrales Stück aus dem Weltanschauungshimmel (oder Fundament?) der Spätmoderne. Die Natur hatte durch Darwin eine so schöne, in das Industriezeitalter passende Ordnung bekommen: Fortschritt, Verbesserung, Optimierung. Offenbar muß von diesem Traum Abstand genommen werden. Das Leben residiert in geschichtslosen Informationsfeldern. Der erste Artikel des Glaubensbekenntnisses der Moderne – Darwins Evolutionsanschauung – ist hinfällig. Und auch Marx' Glaubensartikel vom Geist, der in der Geschichte erkennbar ist, ist verbrannt. Aus der Geschichte kann man Ziele nicht mehr ablesen. Bleibt der letzte Glaubensartikel, der vom Menschen, dessen Innenleben durchleuchtet zu sein schien: In Bewegung gesetzt durch Triebe, die in drei Schichten der Person ihr Wesen trieben – im Es, im Ich, im Über-Ich –, ist der Mensch, so lehrte Freud zwar ein kompliziertes Instrument, aber doch eines, das mit entsprechender Beharrlichkeit durchaus zerlegbar, verstehbar und änderbar war.

Versetzen wir uns in das Jahr 2030 und blicken zurück in das 20. Jahrhundert und auf die Rolle, die Freud und die Psychoanalyse gespielt haben. Es wird rätselhaft sein, wie es möglich war, daß eine so bizarre Theorie zum Deutungsmuster einer modernen Kultur werden konnte. Ist die Psychoanalyse der heimliche Fundamentalismus des Industriezeitalters? Im Zentrum eine Sexualitätsfixiertheit, die der Stahl-Glas-Zivilisation die Grenzen ihrer Rationalität zeigt? Oder bereitet die Rede von Es, Ich und Über-Ich die Auflösung des Individuums von innen heraus vor?

Die Psychoanalyse hat sich resistent gemacht gegen Kritik, weil jeder Einwand – zum Beispiel gegen ihre Sexualitätsmonomanie – als Verdrängung des Kritikers abgestempelt werden kann. Der Kritiker kann mit diesem Instrument immmer zum Patienten degradiert werden. Wer sich den Seelenwärtern nicht unterwirft, ist verstockt. Wer sich offenbaren will, darf auf die Couch. Der Verstockte ist natürlich ärmer dran.

Man kann sich die Theoriebausteine der Analyse im einzelnen vornehmen – ob es die Vorstellung ist, daß der Mensch, ausgestattet mit Trieben, wie eine Hydraulik funktioniert; ob es die Idee ist, es gebe drei Innen-Instanzen (Es, Ich, Über-Ich). Es gilt das, was Claude Lévi-Strauss über den Freudschen Ödipuskomplex sagt: Das Begehren nach der Mutter, die Ermordung des Vaters und die Reue der Söhne entsprechen ohne Zweifel keiner Tatsache. Freud geht nicht von Tatsachen zurück zu einem Mythos, um die Tatsachen zu erklären; sondern er erfindet sich einen Mythos, um Tatsachen zu erklären.

So wie das Marxsche Imperium über Nacht zusammenbrach, so könnte auch das Reich der Seelenwärter über Nacht zerbrechen. Mit dem Instrument der Psychoanalyse betritt der moderne Mensch bis dahin unerforschte Gefühlslandschaften. Sie werden geöffnet für Vermessung, Ordnung, Kolonisierung. Die Analyse beleuchtet, bespricht die inneren Kontinente. Liebe, Haß, Gefühle sind die Rohstoffe dieses inneren Afrika, die von der Analyse ans Licht gebracht werden. Erschöpft sich mit dem Ende des Jahrtausends vielleicht das Interesse am seelischen Rohstoff? Diese Kolonisierung ist so gescheitert wie die Kolonisierung Afrikas. Schließen wir – so könnte es bald heißen – den Deckel über der Seelengrube und wenden uns einer Psychologie zu, die den Menschen als System begreift, das auf Reize reagiert. Biologetisch orientierte Psychologie ist längst dabei, die analytische Gefühlsspekulation abzulösen. So kann die Abwicklung Freuds vom Regen in die Traufe führen.

Zwiespältige Empfindung: Die psychoanalytische Spekulation ist auf dem Rückzug. Aber was da an ihre Stelle tritt – biologistische Psychologie – stutzt den Menschen auf einen Regelkreis zurück. Angesichts der postmodernen Kälte wird man sich noch sehnsuchtsvoll an die schönen Zeiten erinnern, als Freud die Seele als ein Schlachtfeld zwischen Liebe und Tod begriff; als Darwin in der Natur noch göttliche Prinzipien wirken sah und Marx die Entwicklung zur friedlich-klassenlosen Gesellschaft zeichnete.

Freud geht es wie Darwin und Marx. Die neue Psychokosmologie ist eine Mode wie die alte. Gerade rutschen wir in eine kybernetische Modewelle, die für einige Jahrzehnte oder vielleicht länger menschliches Verhalten als genetisch programmiert deuten möchte. Da hat Freud wenig Platz. (Einige Freudianer beginnen damit, die Theorie dem neuen Biologismus anzupassen, indem sie die »Triebanteile« aufbauschen, und diese lassen sich dann, ein wenig mühsam zwar, aber immerhin mit gentheoretischen Überlegungen kombinieren.)

Es ist oft gesagt worden, daß Freud sein Menschen- und sein Krankheitsbild aus dem kulturellen Umfeld des Wiener Bürgertums am Ende des 19. Jahrhunderts bezogen hat. Es sollte uns Heutige allerdings sofort mißtrauisch machen, daß erst aus den Blickwinkeln der Enkel erkennbar wird, welche zeitgeschichtlichen Irrtümer da walten. Geht es uns gerade ähnlich? Was ist mit diesem postmodernen Individuum, das Gott, Familie, Nation, Natur und Weltanschauung abgeworfen hat, um sich als Mensch zu präsentieren, der auf diese sozialen Bezugsgrößen verzichten kann, weil eine Heerschar von Apparaten ihm die altmodischen sozialen Gefährten ersetzen? Diese Entwicklung hat Freud sehr genau gesehen und beschrieben. »Mit all seinen Werkzeugen vervollkommnet der Mensch seine Organe – die motorischen wie die sensorischen – oder räumt die Schranken für ihre Leistung weg. Die Motoren stellen ihm riesige Kräfte zur Verfügung, die er wie seine Muskeln in beliebige Richtungen schicken kann; das Schiff und das Flugzeug machen, daß weder Wasser noch Luft seine Fortbewegung hindern können. Mit der Brille korrigiert er die Mängel der Linse in seinem Auge, mit dem Fernrohr schaut er in entfernte Weiten, mit dem Mikroskop überwindet er die Grenzen der Sichtbarkeit, die durch den Bau seiner Netzhaut abgesteckt werden.

In der fotografischen Kamera hat er ein Instrument geschaffen, das die flüchtigen Scheineindrücke festhält, was ihm die Grammophonplatte für die ebenso vergänglichen Schalleindrücke leisten muß, beides im Grunde Materialisationen des ihm gegebenen Vermögens der Erinnerung, seines Gedächtnisses. Mit Hilfe des Telefons hört er aus Entfernungen, die selbst das Märchen als unerreichbar respektieren würde; die Schrift ist ursprünglich die Sprache des Abwesenden, das Wohnhaus ein Ersatz für den Mutterleib, die erste, wahrscheinlich noch immer ersehnte Behausung, in der man sicher war und sich so wohl fühlte ... Der Mensch ist sozusagen eine Art Prothesengott geworden, recht großartig, wenn er alle seine Hilfsorgane anlegt, aber sie sind nicht mit ihm verwachsen und machen ihm gelegentlich noch viel zu schaffen ... Ferne Zeiten werden neue, wahrscheinlich unvorstellbar große Fortschritte auf diesem Gebiete der Kultur mit sich bringen, die Gottähnlichkeit noch weiter steigern. Im Interesse unserer Untersuchungen wollen wir aber auch nicht vergessen, daß der heutige Mensch sich in seiner Gottähnlichkeit nicht glücklich fühlt« (Das Unbehagen in der Kultur).

Geradezu visionär ist dieser Prothesengott bei Freud beschrieben – aber wie wenig stimmt es, daß sich dieser Prothesengott unglücklich fühle. Im Gegenteil: Er kennt überhaupt nichts anderes mehr als die Realisierung des privaten Glücks, die er Selbstverwirklichung nennt. Einem mittelalterlichen Mönch war die Rettung seiner Seele wichtig, den preußischen Königen die Selbstdisziplin. Aber dann in der amerikanischen Menschenrechtserklärung, da schreibt sich der Prothesengott sein Szenario selbst: pursuit of happiness, das persönliche Lebensglück wird zum Lebensprogramm.

Darwin und Marx bringen das optimistische Pathos ihres Jahrhunderts zu theoretischer Blüte. Darin wirkt christliche Hoffnung, die sich auf dem Weg zum endzeitlichen Heil sieht. Wir werden uns daran erinnern müssen, daß dieses optimistische, fortschrittsfreundliche Geschichtsgefühl antiken Skeptizismus abgelöst hat. Für das alte Israel sind die Menschen aus dem Paradies vertriebene Frevler. Und bei Hesiod findet das Bild von dem goldenen Zeitalter, das am Anfang war und das allmählich ins silberne, ins eiserne, ins tönerne verfiel. Bei Darwin aber steht am Anfang der Einzeller, bei Marx die primitive Horde und bei Freud der Vatermord. Das antike Pendel war nach links ausgeschlagen – es sprach von der goldenen Urzeit, das christliche Pendel schlägt nach rechts aus, wo die Zukunft ist: Es erwartet den Messias, den Anbruch des Gottesreiches. Nun hängt das Pendel ohne Ausschlag in der Mitte: Die großen Ideen vom Verfall oder vom Fortschritt der Geschichte sind erschöpft. Die Gewölbe der Weltanschauungen sind eingestürzt.

# Völlig losgelöst

## Das Individuum im freien Fall:
## Sturz, Beschleunigung und Auflösung

# Soziale Immunschwäche

Schwarze Eunuchen und gezähmte Leoparden begleiteten Friedrich II., den Enkel Barbarossas, auf seinen Zügen durch Europa. Als er 1215 in Aachen zum Kaiser gekrönt wird, rückt damit ein Mensch ins Zentrum der Ereignisse, in dem sich das Ende des Mittelalters ankündigt. Der moderne Mensch, der sich in der Renaissance die Weltbühne erobern wird, versucht in dem Staufenkaiser Friedrich eine erste Verkörperung. Dieser »stupor mundi« (der die Welt in Erstaunen versetzt) schreibt ein Buch über die Falknerei, das sich auf direkte Beobachtungen und Versuche stützt. Er legt sich eine Menagerie zu, die ihm als Laboratorium zur Beobachtung tierischen Verhaltens dient. (Er verläßt sich, mit anderen Worten, nicht darauf, das zu glauben, was die Tradition sagt!) Er stellt Versuche mit der künstlichen Brut von Geiern an.

Aber er experimentiert nicht nur mit Tieren, sondern auch mit Menschen. Er ordnet an, was wohl das erste soziale Experiment genannt werden muß: Er läßt zwei sizilianische Kinder in eine Villa einsperren. Diener schieben den Kindern Nahrung durch einen Türspalt zu. Im übrigen wachsen die Kinder ohne menschlichen Kontakt und ohne Sprache auf. Das heißt: Sie wachsen nicht auf, sie sterben sehr bald. Das Experiment nimmt nicht nur die rücksichtslose Erkenntnisgier kommender Zeiten vorweg, es ist auch von einer Idee befeuert, die für das 13. Jahrhundert umstürzend gewesen ist: Friedrich II. muß die Vermutung gehabt haben, daß der Mensch ein Sozialwesen sei, das ohne menschlichen Kontakt nicht leben könne. Friedrich II. entdeckt den Homo socialis: Der Mensch ist nicht mehr allein das Kind des Gottes, der ihm das Leben schenkt, sondern ein Lebewesen, dessen Quelle in der menschlichen Gemeinschaft zu suchen ist. Friedrich II. hat damit begonnen, die Lebenslinien zu verlegen: Aus der vertikalen Lebenslinie, die den Menschen mit Gott verbindet, wird eine horizontale Lebenslinie, die den Menschen mit anderen Menschen verknüpft. Das Kinderexperiment des Staufers ist eine Brechstange, mit der die Tür zu modernen Zeiten aufgestemmt wurde.

Das Bild von David ging in den siebziger Jahren durch die Medien. David lebt seit seiner Geburt unter einer sterilen Plastikhaube. Will er in die Welt hinausgreifen, dann schiebt er seine Hände in Gummihandschuhe, die aus der Plastikblase heraushängen. Jede nicht sterilisierte Berührung mit der Welt stellt für David eine tödliche Bedrohung dar. Friedrich II. ist widerlegt: Moderne Medizin macht's möglich. David überlebt, auch ohne Berührung mit der Welt draußen. Mehr noch: David ist die perfekte Fortschreibung des modernen Menschen, er ist geradezu ein Symbol moderner Lebensform: Er ist der radikale Single. Der moderne Mensch ist der Alleinstehende, der sein Leben in abgeschlossenen Gehäusen verbringt. Allein sechzig Stunden im Jahr verbringt der deutsche (Durchschnitts-)Bürger in einer Single-Blechbox vor roten Ampeln. Insofern zeigt David in seinem sterilen Plastikgehäuse die Marschrichtung. Wer die Linien des modernen Alltags über die Gegenwart hinaus verlängert, wird auf diesen Linien direkt in Davids Plastikambiente getragen. Künstliche Urlaubslandschaften in Plastikzelten schießen aus dem Boden: Im Norden Europas entstehen künstliche Tropenlandschaften, unter australischer Sonne kann man im Plastikzelt eine nordische Schneelandschaft genießen: Freizeitprothesen. Davids sterile Plastikkugel ist eine postmoderne Fruchtblase, in der das Individuum ausgebrütet wird, das aus allen sozialen und lokalen Bindungen befreit ist und das auf etwas, was man früher einmal natürliche Lebenswelt genannt hat, nicht mehr angewiesen ist. Damit hat David es weiter gebracht, als Friedrich II. es sich hätte träumen lassen: Wir experimentieren erfolgreich mit einem Individuum, das – aus allen Bindungen herausgelöst – in einer sozial sterilisierten Welt zu leben gewohnt sein wird.

Scid heißt Davids Krankheit (Severe combined immunodeficiency). Es ist ein ererbter Defekt. Das macht den Jungen zu einem medizinischen Idealfall. Die medizinische Wissenschaft ist dabei, mit Eingriffen in die menschlichen Gene neue Wege zu beschreiten. Das stößt auf öffentliche Angst, auf Widerstand. Bei ihren Vorstößen in das gentechnologische Neuland muß die medizinische Avantgarde Mißtrauen überwinden. Wer würde es wagen, angesichts des in seine Plastikwelt eingesperrten David, dem nur Erfolge in der Gentechnologie helfen können, die Arbeit der Genmedizin zu behindern! Baldige erste gentherapeutische Erfolge werden versprochen, der Blick wird auf David in seinem Plastikzelt gelenkt, und schon schmilzt der Widerstand. Überhaupt liebt es die Medizinmafia, für ihre Experimente in vorgeschobenen Arealen Kinder zu nehmen: Ein Kind war es, dem als erstem menschlichen Wesen ein Pavianherz eingepflanzt wurde (um so die Wartezeit zu überbrücken, bis ein passendes Spenderherz zur Verfügung stand). Mit Kindern wird denen der Mund gestopft, die sich empören wollen: Wäre es Ihr Kind, würden Sie ...? Und damit enthüllt sich der letzte Sinn dieses Kinderexperimentes: Die medizinische und mikrobiologische Mafia nimmt Geiseln, um sich die Tür zur Zukunft aufzustemmen.

Wer kennt nicht die gigantische Davidstatue, die Michelangelo aus Marmor geschlagen hat? Sie steht da am Eingang des Palazzo Vecchio in Florenz. (Als Kopie. Das Original mußte vor dem Smog in Museumshaft genommen werden. Auch dieser David in der Isolation.) Dieser David ist eigentlich eher ein Goliath als ein kleiner Hirtenjunge, der gegen den Riesen kämpft. Der David des Michelangelo macht uns bekannt mit dem selbstbewußten Renaissancemenschen, der sich aus der Vormundschaft von Theologie und Tradition zu befreien gedenkt. Dieser Marmor-David steht nicht nur am Eingang des Florentiner Palastes, sondern am Eingang der Neuzeit. Der kleine kranke David, von dem hier die Rede war, steht am Eingang zur Postmoderne, er weist den Weg in das, was nach der Neuzeit kommt. Er ist das Selbstporträt der nachmodernen Zeiten: Je mehr Luft und Wasser kontaminiert sind, desto unerbittlicher werden wir Zuflucht in Kunststoffwelten suchen. Wasserfilter müssen uns davor schützen, allzu direkt in unserem verschmutzten Wasser zu baden, und Luftfilter (schönfärberisch: Klimaanlagen) werden mehr und mehr notwendig sein, um die Atemwege vor den gasförmigen Exkrementen der Autos und der Chemieanlagen zu schützen. Nachdem die Berge und Strände als Erholungslandschaften verbraucht sind, werden künstliche Paradiese nachgebaut. Fitneßmaschine, Kunstsonne und Plastikpalme ersetzen die gefährlich und öde gewordene Natur: Wer hätte auf Dauer Lust, durch einen sterbenden Wald zu pilgern und sich womöglich einer Hautkrebs auslösenden Sonneneinstrahlung auszusetzen? Natürlichkeit? Natürlich sind allenfalls der ölverschmierte Badestrand und das vergiftete Meerwasser. Die Natur ist so zugerichtet, daß sie – direkt genossen – krank macht. Gegen diese zum Aggressor gewordene Natur entwickelt der moderne Mensch eine Art Immunschwäche. Die explosionsartig zunehmenden Allergien sind dafür ein überdeutliches Beispiel. Die Immunschwäche des modernen Menschen zeigt sich nicht nur in der Neurodermitis, die seine Kinder haben. Nicht nur die Haut – das Außen – reagiert allergisch, sondern auch die Psyche bekommt Ausschlag: Soziale Immunschwäche greift um sich. Die Menschen scheinen sich selbst gegenseitig immer weniger ertragen zu können. Ehen und Familien fallen schneller auseinander als Möbel aus dem Mitnahmemarkt. Die Menschen scheinen sich nicht mehr dauerhaft zu ertragen. Sie streifen sich kurz, um dann ihren Weg allein fortzusetzen.

Es kann kein Zufall sein: Die Zahl der autistischen Kinder nimmt zu. Das mongoloide Kind – meist auffallend freundlich – ist medizinisch prognostizierbar und damit vermeidbar. Es wird es nicht mehr geben. Der immunschwache David und das autistische Kind, das mit seiner Umwelt nicht in Beziehung tritt: Die beiden halten der Single-Kultur ihren Spiegel vor. Sie ertragen keine anderen Menschen. Eine verblüffende Antwort auf das Experiment des staufischen Friedrich. Die nachmoderne Zeit brütet Menschen aus, die überhaupt nur leben können ohne Berührung mit anderen Menschen. Die autistische Gesellschaft, so formuliert der Soziologie Hoffmann-Nowotny, verwirklicht ein hohes Maß an Freiheit und Individualität: Aber das kann zugleich ihr Ende sein.

Je schneller die religiösen und sozialen Bindungen zerfallen, desto nachdrücklicher muß das Individuum sich selbst befriedigen. Es muß sich selbst genügen, es muß sich selbst zur Sinnquelle werden. Der Sozialpsychologe Martin E. P. Seligmann spricht von einem maximalen Selbst. Der mittelalterliche Mensch verfügte über ein minimales Selbst: »Das minimale Selbst hatte sich wie das mittelalterliche Selbst einfach gut zu benehmen; es war erheblich weniger mit seinem Befinden beschäftigt. Es kümmerte sich weniger um Gefühle und mehr um Pflichten. Heute leben wir mit allen Konsequenzen in einer Kultur des maximalen Selbst.« Bruchlos kann dieser Satz in die Sprache der Ökonomie übersetzt werden: Auch das Selbst erlebt eine Kurve exponentiellen Wachstums. Es wuchert wie ein Krebsgeschwür. Alles, was nicht zur Selbstverwirklichung beiträgt, fällt unter den Tisch, und man sieht förmlich die Individuen vor dem Luftballon ihres Selbst sitzen und pusten und pusten – bis das maximale Selbst platzt und in alle Richtungen auseinanderfliegt. Bei einer Standardumfrage nach dem »Sinn des Lebens« haben die Demoskopen von Allensbach zwischen 1974 und 1986 einen zunehmenden Selbstbezug der Menschen und einen Trend zur Konzentration auf das eigene Glück registriert.

Das kann alles nur geschehen, weil das Individuum sich seiner lokalen Wurzeln entledigt hat. Es wurde einstmals in eine Gruppe hineingeboren – in die Verwandtschaft, in den Stamm, eine Gruppe, die ihre eigenen kulturellen Zusammenhänge bot. Aus diesem lokalen Ich, das sich im Kollektiv seiner eigenen Person nur begrenzt bewußt war, das sich begriff als Teil eines Ganzen, aus diesem lokalen Selbst ist ein globales Ich geworden. Bei jedem Schritt von dem nomadischen Stamm bis zur Informationsgesellschaft, bei jedem dieser Schritte verschob sich die Balance zwischen dem Wir der Gruppe und dem Ich zugunsten des Ich. Die Sehnsucht danach, diesen Prozeß umzukehren, mag wachsen. Aber die Orte, aus denen das moderne Ich aufgebrochen ist, scheinen abgebrannt zu sein.

Die Wir-Hüllen sind alle abgelegt. Das Ich bläht sich auf wie ein Geist, der der Flasche entkommen ist. Aber dieser Riese aus der Flasche hat keine Konsistenz, kann vom nächsten Sturm auseinandergeblasen werden, hat keinen sozialen Körper. Das moderne Ich ist maximal, aber labil bis zur Selbstauflösung.

# Abschied vom Charakter

Daß zum anständigen Menschen ein Charakter gehört – dessen waren sich unsere Väter und Mütter noch sicher. Der Charakter hatte vor allem eines zu sein – nämlich fest. Ein fester Charakter – der stattet den Menschen aus wie die Clubgarnitur das Wohnzimmer. Ein fester Charakter – das galt bis in unsere Tage als das solide Antriebsaggregat für einen ordentlichen Menschen. Wer es im Leben zu etwas bringen wollte, der brauchte diesen stählernen Kern. Wie setzt sich der zusammen? Aus Prinzipien, klaren Standpunkten, aus einer Weltanschauung, die sagt, was gut und was böse ist. Tugenden wie Sparsamkeit, Gehorsam, Selbstdisziplin, Ordnung waren Manifestationen eines solchen festen Charakters. Die Aufgabe der Eltern war es, diesen festen Charakter in ihren Kindern zu schaffen. Ein bißchen schwebte da wohl die Dampflokomotive als Erziehungsideal durch die gute Kinderstube: Der Charakter als verläßlicher Antrieb für den ganzen Menschen funktioniert hydraulisch wie die Dampfmaschine – Druck wird in stetige Aktivität umgesetzt. Ein fester Charakter sorgt dafür, daß der Mann als Familienvater oder Fabrikarbeiter störungsfrei funktioniert, daß die Frau sauber und fleißig den Haushalt versorgt. Die Familie hat diesen »Charakter« erzeugt, die Schule hat ihn disziplinär verankert; im Büro, in der Fabrik, notfalls auch im Krieg funktionierte er zuverlässig und gleichmäßig.

Und mit genau diesem festen Charakter ist es vorbei. Ebenso vorbei wie mit der Dampfmaschine.

Der Charakter gehört ins Museum des Industriezeitalters. Was soll man mit Sparsamkeit in einer Konsumgesellschaft? Was mit Selbstdisziplin in einer Freizeitgesellschaft? Was mit einem engstirnigen Nationalbewußtsein in einem multikulturellen europäischen Markt? Was mit einer klaren Weltanschauung in einer Informationsgesellschaft, die auf zwölf Kanälen ständig Medienhäppchen aus der ganzen Welt serviert? Der Charakter ist ein überholtes Modell. Die Oldtimer, die das noch nicht begriffen haben, nisten in ländlichen Randzonen (Vogelsberg!), bei den Republikanern (oder anderen Rechtsradikalen), bei Gewerkschaften, bei untergehenden Altunternehmern und bei Altlinken. Allenfalls Politiker spiegeln ihn noch vor: als Markenzeichen, hinter dem sich nur zu oft Bestechlichkeit, Lobbyismus und Gier nach Wählerstimmen verbergen.

Eine Sammlung der schönsten Charaktere zwischen Wilhelm II. (»Ich kenne keine Parteien mehr ...«) und Adolf Hitler (»Hart wie Kruppstahl, zäh wie Stiefelleder ...«) würde zeigen, wie sehr der »Charakter« ein auf das Industriezeitalter zugeschnittenes Auslaufmuster ist. Dieses Auslaufmodell hat seine Theoretiker gehabt. Konrad Lorenz verpaßte ihm eine Triebmechanik, bei dem wahrscheinlich der Dudelsack Pate gestanden hat: Aus dem aufgeblasenen Sack entweicht pfeifend angestaute (aggressive) Luft. Sigmund Freud muß mehr an eine Schichttorte gedacht haben (der Charakter setzt sich zusammen aus Es, Ich und Über-Ich), eine Torte, die von Mutter und Vater gebacken wird. Das ist ein Vorgang, bei dem diese große Fehler machen können. Diese Fehler können dem Charakter des Kindes so schaden, daß es später einmal einen professionellen Seelenbäcker aufsuchen muß.

In diesen Veränderungen deutet sich an, daß der »Charakter« mit der Industriegesellschaft, mit dem 20. Jahrhundert nicht mehr gefordert ist. Er wird verschlungen von der neuen, postindustriellen Bodenlosigkeit. Verglichen mit der Dampfmaschine, muß man sich die moderne Version des Altcharakters eher wie einen Regelkreis oder wie ein elektronisches System vorstellen. (»My system doesn't take that much«, sagt die amerikanische Studentin zum angebotenen Drink und signalisiert damit, wie das postmoderne Menschenbild aussehen dürfte.) Nicht Prinzipien muß der postmoderne Mensch ausspucken, sondern flexible Reaktionen. Er muß sich selbst als ein reaktives System begreifen. Als in der Renaissance und der Reformation der Charakter geschmiedet wird, da schmettert Martin Luther sein »Hier stehe ich, ich kann nicht anders!«. Der postmoderne Mensch prüft da eher Bedingungen, wägt Vor- und Nachteile ab und bietet dann ein Antworten-Set, das wenig mit Prinzipien, viel mit Berechnung zu tun hat, mit der Gewichtung und Einschätzung des Für und Wider. Statt des festen »Hier stehe ich ...« quillt eine nebelhafte, wechselfreudige Standortlosigkeit auf. Zum Charakter gehören »Leitbilder«, zum Postmodernen gehört die Vielfalt möglicher Optionen und Entscheidungen. Der Charakter verflüssigt sich, er wird temporär, nomadisch.

An den Zeugnissen von einst und jetzt kann man es erkennen. Einst stand noch etwas von Charakterschwäche im Zeugnis, wenn es mit dem Schwimmen nicht klappen wollte. Heute wird eine Lehrerin alarmiert sein, wenn einem Schüler der Teamgeist fehlt. Nicht Disziplin (also Charakter) hat Konjunktur, sondern Kooperation (wie im Regelkreis).

Es ist erstaunlich, wie schnell sich die Schule auf die neuen zivilisatorischen Anforderungen einstellt. Sie tut ja stets eilfertig, was sie soll. Solange die Devise hieß: Charakterbildung, so lange standen die Stühlchen und Bänke soldatisch, reihenmäßig formiert im Klassenraum. Aber solche formierten Gliederpuppen sind in der Spätmoderne nicht mehr zu gebrauchen. Heute sitzen die Schüler im Kreis, in Grüppchen. Sie sitzen eben wie eine integrierte Schaltung, nicht wie eine Kompanie. Die Pädagogik, die hier vollzieht, was auf der Tagesordnung steht, rühmt sich im gleichen Atemzug ihrer didaktischen Fortschrittlichkeit. Genau: Sie tut, was sie soll.

Was tritt in der Postmoderne an die Stelle des Charakters? Eine Art seelischer Teilchenbeschleuniger, ein »System«, ein Rezeptionsorganismus. Der stählerne Charakterkern wird abgelöst durch eine amöbenhafte Biomasse. Das Bundesgesundheitsamt gibt sich im Mai 1990 empört, als die Zeitschrift »Bunte« einen Bericht über »Pillen, die glücklich machen« veröffentlicht. Es handele sich schließlich um Psychopharmaka, für die in dem reißerischen Artikel geworben würden. Die Präparate seien nur für die Behandlung schwerwiegender seelischer Störungen vorgesehen. Die »Bunte« hatte die Frage gestellt: »Mein Mann ist gestorben. Welche Pille macht mir die Trauer leichter?« In den Sprechstunden der Ärzte tauchten Leser mit der Zeitschrift unter dem Arm auf, um sich ein Rezept zu holen. Jeder dritte Trauernde (»zum Beispiel Elizabeth Taylor, als ihre große Liebe Richard Burton starb«) nimmt die Pille – behauptet die Zeitschrift. Das Gesundheitsamt gibt sich entsetzt. Der Medikamentenmißbrauch sei ohnehin erschreckend. Es empfiehlt – bei Lebens- und Alltagsproblemen – den Gang zum Psychotherapeuten. Tatsächlich zeigt uns die »Bunte«, wohin der Zug geht. Bei Charakterproblemen empfahl man in den fünfziger Jahren Disziplin. In den siebziger Jahren den Therapeuten. In den neunziger Jahren die Pille. Das Bundesgesundheitsamt hat den Trendwechsel noch nicht begriffen. Dieser Trendwechsel führt von der Soziologie zur Biologie. Alltagsprobleme möchte das Bundesgesundheitsamt »sozial« erklären und sozial niederkämpfen. Alltagsprobleme werden in Zukunft als biologische Reaktionen begriffen und mit einem chemischen Bombenteppich beseitigt werden. Und noch einen

Schritt weiter gedacht: In dreißig Jahren wird das Bundesgesundheitsamt vermutlich davor warnen, sich Depressionen durch einen kleinen gentechnologischen Eingriff dauerhaft beseitigen zu lassen. Es wird auf die bewährte Möglichkeit, Trauergefühle mit Tabletten zu bekämpfen, verweisen.

Wie radikal die Veränderung ist, die sich da vor unseren Augen abspielt, mag ein Blick auf den Ursinn des Wortes »Charakter« zeigen. Charakter ist ein griechisches Wort. Und es bezeichnet das Brandmal. Der Charakter ist also ursprünglich etwas unauslöschlich in den Menschen Eingebranntes. Die Taufe ist es, die der Seele einen »Charakter« wie ein Brandmal aufdrückt. Bei Hegel die philosophische Variante: Durch den Charakter »kommt das Individuum erst zu seiner festen Bestimmtheit«. An den Menschen ist mithin die Forderung zu stellen, daß er Charakter zeige. (Der sich aber nicht verselbständigen darf, denn die Parodie des Charakters ist der Eigensinn.)

Bei Hegel ein Balanceakt: Der Charakter wird bestimmt durch angeborene Dispositionen einerseits und eigene Entwicklung andererseits. Für Nietzsche aber ist der Charakter ein soziales Produkt: »Charakterstärke« ist die negative Folge einer gleichmachenden Erziehung, die zur steten Wiederholung des Individuums führt. In der gepriesenen Charakterstärke glotzt uns – so kann man übersetzen – das Fließbandprodukt, der serielle Mensch, an. Kurz, für Nietzsche ist der Charakter eine »unheilbare Krankheit«. Nietzsche zeigt mit radikaler Klarheit darauf, daß der Charakter ein soziales Produkt ist, das fertig, stark und gleichartig vom Band hüpft, wie Kaserne und Fabrik es fordern. Was Nietzsche noch nicht sehen konnte: daß der feste Charakter zwar ein Serienprodukt ist, daß aber die Verflüssigung des Charakters – wie wir sie erleben – den Zug zur genormten »Menscheneinheit« noch einmal verschärft. Der Arbeiter mit dem festen Charakter bedient die Dampfmaschine solide und zuverlässig. Der postmoderne »Charakterlose« wird zum Anhängsel seiner elektronischen Netze. Der feste Charakter wird zum Störfall in einer Welt, in der der Mensch es lernen muß, auf die elektronischen Zuckungen seiner technischen Systeme zu reagieren.

Die Menschen werden auf eigenartige Weise autistisch. Sie leben weniger und weniger aus Familien- oder Freundschaftsquellen. Sie haben benommen von ihrer Sehnsucht nach Selbstverwirklichung die Augen nach innen gedreht. Aber die nach innen gedrehten Augen blicken auf nichts. Da, wo einmal die Seele war, ist eine Wüste, in der sich als Fata Morgana die Konsummöglichkeiten der Außenwelt schwebend spiegeln. Die Suche nach Identität spielt sich nicht im Gebet, nicht in der Therapie, sondern im Kauf der Ware und im Verbrauch der Information ab. Die Schaufenster der Boutiquen, die Unterhaltungsangebote von RTL und Sat 1 breiten sich an den Orten aus, an denen einmal die Person beheimatet war. Im durchschnittlichen amerikanischen Haushalt ist der Fernsehapparat sieben Stunden am Tag eingeschaltet. Die immer schrillere Mischung aus Gewalt und Sex gleicht dem spitzen Stock, mit dem ein Kind den fast verreckten Frosch zu letzten Zuckungen bewegt.

Rettung? Man könnte sie sich allein vorstellen als einen gewaltigen Akt seelischer Bulimie, mit dem sie alle ausgekotzt werden, die die Seele unter sich begraben haben – den Salat aus Serienhelden, Duftpflegeserien, Automodellserien.

## Neonomaden

Die goldene Maske des ägyptischen Königs Tutenchamun, die jahrtausendelang im Grab des Pharaos gelegen hat, ist inzwischen um die Welt gereist. Sie war in Tokio, in New

York und in München zu besichtigen. Ein Paradox: Die Hochkultur der Ägypter war die Überwindung nomadischer Kulturen durch seßhafte Lebensweise. Heute nun wird die Kultur Ägyptens nach jahrtausendelanger Ruhe in einen modernen Nomadismus hineingerissen. Die reisenden ägyptischen Mumien werden freilich von den Bürgern moderner Industrieländer an Mobilität weit übertroffen: Nahezu jeder umkreist mehrfach den Äquator, wenn die im Auto zurückgelegten Kilometer zusammengerechnet werden. Keine nomadische Kultur der Menschheitsgeschichte war so beweglich wie die Moderne. Die Menschen sind wieder zu Nomaden geworden.

Geht man zurück in die Anfänge, so sieht man einige hunderttausend Menschen die Steppen, Wälder und Wüsten durchstreifen. Sie ernähren sich als Jäger und Sammler, ohne festen Wohnsitz, ohne Staat und ohne Tempel. Sie lehnten es ab, Viehhirten zu werden (»Die Menschen sind nicht dazu da, die Tiere zu ernähren. Umgekehrt!«). Sie weigerten sich, Bauern zu werden (»Warum sollen wir etwas anpflanzen, wo es doch so viele Mongo-Mongo-Nüsse auf der Welt gibt?«). Sie lebten ohne nennenswerten Besitz, denn der wäre auf dem Weg nur hinderlich gewesen; sie lebten ohne Vorratshaltung, denn wie wären Vorräte zu konservieren oder zu transportieren gewesen?

Aber die nomadische Lebensweise geriet – nachdem die Seßhaften die Herrschaft übernommen hatten – in die Defensive. Die Indianer Südamerikas flohen in die Amazonaswälder. Dort werden die letzten heute aufgespürt und in die Zivilisation verschleppt. Die Buschmänner wurden in die Kalahari abgedrängt und fristen dort ein Dasein als ethnologische Raritäten. Keine Chance für Nomaden angesichts der Dampfwalze seßhafter Zivilisation.

Heute leben nicht einige hunderttausend Menschen auf dem Erdball, sondern fünf Milliarden. Das bedeutet: Ein

Drittel aller Menschen, die je existiert haben, leben jetzt. Sie befinden sich in einer flirrenden, immer rascher werdenden Bewegung. Auf der südlichen Halbkugel wandern sie in Scharen aus ländlichen Gebieten in die explodierenden Städte (Mexico City hat 12 Millionen Einwohner). Dort angekommen, legen sie täglich gewaltige Entfernungen zwischen Wohn- und Arbeitsplatz, die oft zweimal zwei Stunden in Anspruch nehmen, zurück. Im Süden sind die Menschen losgerissen von ihren ländlichen Lebensverhältnissen, ein Vorgang, der sich in den Industrieländern seit dem 19. Jahrhundert abspielt. Die Landflucht wird ergänzt durch Millionen Flüchtlinge, die es in vielen Regionen der Welt in wachsendem Maße gibt. Heute finden sich auf der Welt mehr Flüchtlinge, als das Römische Reich Einwohner hatte. Aber diese Mobilität des Südens wird übertroffen von der Bewegungslust der Bewohner des Nordens: Die befinden sich in einer Art Dauermobilität. In der Bundesrepublik bewegen sich 31 Millionen Personen- und Lastkraftwagen. (Die Blechschlange ist viermal so lang wie das gesamte deutsche Autobahnnetz.)

Die Bewohner der Industrieländer sind entweder auf dem Weg zur Arbeit oder zum Supermarkt oder zum Tennisplatz – oder sie fliegen in den Urlaub. Für diese Mobilität geben sie mehr Zeit und Geld aus als je in der Menschheitsgeschichte: Die modernen Gesellschaften sind als mobile Gesellschaften konzipiert. Es drängt sich der Eindruck auf, daß die fünf Milliarden Erdbewohner in eine immer schnellere Bewegung geraten. Als würden sie auf einer heißer werdenden Herdplatte eine immer schnellere Tarantella tanzen. Durch die Hintertür tritt der erledigt geglaubte Nomadismus, aber universaler und modernisierter, wieder ein.

Die Epoche der Seßhaftigkeit der Menschen geht zu Ende. Seßhaftigkeit wird immer mehr zum Ausdruck für Rückständigkeit. Wer nicht mobil ist, ist altmodisch. Aber der neue Nomadismus inszeniert sich in einer kulturellen Eiswüste, aus der jede wärmende, lokal gebundene Tradition getilgt ist. Das Stichwort heißt: Deterritorialisierung. Wie eine Schwimmpflanze hat sich die Menschheit irgendwann am Uferrand festgemacht und verwurzelt: Sie hat Kulturen aufgebaut und Städte gegründet. Jetzt reißt sich die Schwimmpflanze wieder los aus ihrer Verankerung, sie wird in neue Strudel hineingerissen, in eine immer rasendere Fahrt flußabwärts. Es ist eine Odyssee ohne Aussicht auf Penelope und ihren Herd. Es gibt für die Neonomaden keine endliche Rückkehr in heimische Gefilde. Sie bleiben ihr Leben lang unterwegs. Sie sind eher Ahasver als Odysseus.

Die neuen Nomaden sind Dauerreisende. Es zieht sie von Ort zu Ort, und immer weniger sind es, die an dem Ort, an dem sie geboren wurden, auch leben und sterben. Immanuel Kant hat sein Königsberg nie verlassen. Der Philosph von heute schreibt seine Vorträge im IC-Abteil. Selbst der Papst, Symbol religiöser Seßhaftigkeit, ist zu einem kirchlichen Nomaden geworden. Aber Dauerreisende sind die Modernen nicht nur im geographischen Sinne. Der neue nomadische Lebensstil erfaßt alle Teilbereiche. Die gesamte materielle Kultur wird zum »Portable«. Musik ist im Walkman allgegenwärtig, der Laptop, der transportable PC, erlaubt, gigantische Datenmengen mit sich zu tragen. Aber auch die Dinge, die festzustehen scheinen, bekommen einen mobilen Charakter. Häuser zum Beispiel werden zur austauschbaren Fertigware. Sie sind ebensowenig emotional besetzt, wie Jäger und Sammler ihre Hütten mit Gemüt besetzt hatten. Die Immobilie hat noch ihr Ansehen – aber sie muß nicht von den Vorvätern übernommen sein: Ihre Konvertibilität zählt. Auch Nahrungsmitteln haftet der Hauch des Nomadischen an. Sie sind weit gereist – und einige heißen sogar Fast food. Im Norden werden die Bohnen aus Kenia gegessen, während in Kenia das Getreide aus Kanada in Hungergebiete verteilt wird. Reisende Speisen. Die Dislokation ist das deutlichste Merkmal der Moderne. Die Reste lokaler Kultur zerbröseln. An die Stelle des Schützenvereins tritt J. R. aus Dallas: Amerikanische Serienhelden residieren im Hunsrück-Wohnzimmer wie in dem schwarzafrikanischen Appartement. Überhaupt sind die Medien der dringlichste Ausdruck für neonomadische Kultur, die jeden direkt vom Fernsehapparat via Satellit in die weite Welt trägt.

Wo ist die Wasserscheide? Wann endet die Geschichte der Seßhaftmachung der Menschen, und wann setzt der Neonomadismus ein? Die Arbeitshäuser, die Gefängnisse, die Irrenhäuser, die Krankenhäuser, kurz, alle einschließenden Institutionen gehören noch in die Geschichte der Festsetzung. Aber seit dem 19. Jahrhundert werden die ehemals einschließenden Mauern zunehmend in das Innere der Individuen verlegt. Arbeiter werden nicht mehr durch Zwang und Arbeitshaus an den Arbeitsplatz gebunden, sondern das Arbeitsethos wird ihnen in die Seele implantiert. Sie wollen allmählich selbst, was sie sollen: arbeiten. Die Verinnerlichung des Arbeitsethos war notwendig, weil ein überall einsetzbarer, mobiler, fungibler Arbeiter benötigt wurde. Das 19. Jahrhundert ist in Europa ein Jahrhundert der Völkerwanderungen. Die Menschen werden losgerissen vom Laboratorium der Erde. Der Mensch wird zum verschiebbaren Anhängsel der Maschine. Die Nabelschnüre zur großen Familie, zur dörflichen Umwelt werden zerschnitten, und der Einzug in die seriellen Räume Berliner Hinterhöfe beginnt. Die Nahrungsmittel werden nicht mehr aus der Nachbarschaft oder aus dem eigenen Garten bezogen, sondern im Supermarkt gekauft. An die Stelle der lokalen Kirchenbindung (indem der auf seinem Thron seßhafte Gott angebetet wird) tritt die weiträumig orientierte Mitgliedschaft: Die lokale Gemeinschaft, zu der Adliger und Knecht gehörten, wird abgelöst durch Organisationen wie die Gewerkschaft, in der Gleiche sich mit Gleichen verbünden, die nicht aus der Nachbarschaft kommen.

Auch das psychische Interieur verliert seine Fixierung, das Innenleben wird mobilisiert: Von Thron und Altar führt der Weg zum »postmodernen« Wertewandel, der auf mobile, flexible, utilitaristische, konsumfreudige Individuen zielt. Aus der Seelenmöblierung ist alles Muffig-Gemütliche getilgt. Das ist einerseits ein emanzipativer Prozeß. Aber verloren hat sich damit auch jede lokale Färbung und Verwurzelung. Der höchste Grad der Individualisierung läßt – nachdem aller Ballast abgeworfen ist – ein serielles Individuum entstehen: eine flexible Menschheit, ein individueller Chip.

Mobilität von der Wiege bis zur Bahre: Der Fötus wandert vom Reagenzglas in den Mutterleib. Der Mobilität des Fötus entspricht am anderen Ende des Lebens die Nichtseßhaftigkeit der Toten. Aus Toten werden Teile in Lebende verpflanzt: Die transplantierte Niere ist das Symbol eines zunehmenden Organnomadismus. Für die ausgeplünderten Toten ist immer seltener eine Familiengrabstätte vorgesehen: Die Asche wird gern ins Meer gestreut, oder sie wird vom Winde verweht.

Lösgelöst von allen kollektiven oder traditionellen Bindungen, werden die Individuen zu Radikalindividuen: Sie sind an keine Lokalität gebunden, ihre Vereinzelung ist ein Exzeß: Sie kippt um. Nachdem alle lokalen Färbungen abgewischt und alle Verwurzelungen gekappt sind, werden sie zu frei umherschwebenden Monaden, zu Menscheneinheiten: Sie sind so individuell wie die Wohneinheiten einer Neubausiedlung – gleich, gesichtslos, funktional. Das zur Serie gewordene Individuum ist so makellos, von ewig gleicher Qualität wie holländische Tomaten: Styroporfrüchte, Styropormenschen.

# Individuum und Halbwertzeit

Ein neuer Sport erfreut sich zunehmender Beliebtheit: Luftsurfen. Man springt mit einem verkleinerten Surfbrett aus dem Flugzeug und surft auf der Luft, bis es Zeit ist, den Fallschirm zu öffnen. Ozeanische Gefühle verschaffen sich wohl auch all die Drachenflieger, Windglider und Gummispringer (Absprung von einem hohen Turm mit einem Gummiband am Fuß, das den Fall kurz vor dem Auftreffen abbremst). Daedalus und Ikarus haben den Traum vom Fliegen verwirklicht, um der Gefangenschaft zu entkommen. Die da heute springen, inszenieren das moderne Selbst. Die Bodenlosigkeit, die eine harte soziale Tatsache ist, wird körperlich inszeniert als ultimative Befreiung.

Freiheit total. Aber sind wir sicher, daß es nur die Zwangsjacken sind, die wir uns vom Körper gerissen haben – oder haben wir womöglich im wilden Tanz der Befreiung uns auch gleich selbst in den Abgrund gerissen? Selbstauflösung durch Beschleunigung?

Je mehr um den modernen Menschen herum die religiösen, philosophischen und sozialen Zusammenhänge zerbrechen, desto krampfhafter wird versucht, das zu retten, was nachbleibt: das Einzelwesen, die Monade, das Ich.

Ist das Ich womöglich eine Beschwörungsformel, mit der ein Rohstoffbündel mühsam zusammengehalten wird? Und läßt die Kraft der Formel nach? Sitzt das Ich auf diesem Zellenhaufen wie ein König auf seinem zerfallenden Reich?

Wie fragil dieses Verhältnis ist, beschreibt auf wunderbare Weise Marcel Proust: ». . . und wenn ich mitten in der Nacht erwachte, wußte ich nicht, wo ich mich befand, ja im ersten Augenblick nicht einmal, wer ich war: Ich hatte nur in primitivster Form das bloße Seinsgefühl, das ein Tier im Innern verspüren mag – ich war hilfloser ausgesetzt als ein Höhlenmensch; dann aber kam mir die Erinnerung – noch nicht an den Ort, an dem ich mich befand, aber an einige andere Stätten, die ich bewohnt hatte und an denen ich hätte sein können; in einer Sekunde durchlief ich Jahrhunderte der Zivilisation, und aus vagen Bildern von Petroleumlampen und Hemden mit offenen Kragen setzt sich allmählich mein Ich in seinen originalen Zügen wieder von neuem zusammen.« Welche Kräfte arbeiten daran, diesen Zusammenhalt des Ich zu unterminieren?

Gerade wo das Individuum gegenüber allen seinen sterbenden sozialen Einrichtungen Monopolwert gewinnt, wächst auch die Gefahr, daß standardisierte und verwaltete Menscheneinheiten an die Stelle von Individuen treten. Man lernt – so sagt Theodor W. Adorno –, daß es einem im Ernst nicht schwerfallen könne, ohne Ich zu leben. Die verwaltete Welt preßt die Individuen in eine amorphe und fügsame Masse, in der die Individuen aufgesaugt werden. Gleichgeschaltet durch einen Freizeit- und Unterhaltungsapparat, der alle Lebensbereiche durchsetzt, wird der Augenblick höchster Individualisierung zugleich die Stunde der Subjektlosen. Das Individuum hat eine kurze Halbwertzeit. Es kommt – nachdem es sich aus seinen Bindungen befreit hat – nicht zur vollen Geltung, sondern droht auseinanderzufallen.

Auf einmal fällt es wie Schuppen von den Augen: Das, wovon sich das Individuum befreit hat, war das, was es zusammengehalten hat. Es waren nicht die Hüllen, die einengenden, die abgeworfen worden sind, sondern es waren womöglich die Segmente der Person, die mit der Familie, mit der Religion verfielen.

Von zwei neuen Betrachtungsweisen her nährt sich die bange Frage nach der Materialfestigkeit des Individuums.

1. Die Menschen beginnen sich daran zu gewöhnen, daß sie sich mikrobiologisch betrachten können. Als ein Feld von schwirrenden Molekülen, die sich ständig

erneuern. Ist das Subjekt, das heute bei der Bank 1000 DM einzahlt, noch das gleiche, das sich fünf Jahre später die Zinsen von der Bank holt? Materiell sicher nicht. Sozial auch nicht. Ist es notwendig, den letzten Schritt auch zu vollziehen und zu sagen: Das Ich ist ein metaphysischer Rest, eine kuriose Behauptung? So wie sich der personale Gott im 19. Jahrhundert in den Geist der Geschichte fraktionierte, müssen wir uns so auch von der Festkörpervorstellung »Mensch«, »Person« befreien? Die Mikrobiologie entlarvt diese alte Idee als eine fragile Einbildung. Jean Baudrillard, der französische Soziologe, spricht vom »fraktalen« Subjekt. Er meint damit: Die Idee, daß sich aus der Einzelzelle des Menschen der ganze Mensch bauen, »klonen« läßt, ist das Ende des Subjekts. Das Klonen mag bei Menschen eines Tages möglich sein oder nicht. Die mikrobiologische Idee genügt: Die Vorstellung ist da, daß das Subjekt sich in allen seinen Zellen wiederfindet, daß es sich aus allen seinen Teilen reproduzieren läßt! Wir werden lernen, uns so zu betrachten, und damit das Ende der Person im landläufigen Sinne registrieren müssen.

2. Die mangelnde Materialfestigkeit des Individuums wird zunehmend dadurch aufgefangen, daß Mensch-Maschinen-Ehen entstehen. Lebensbestimmend ist nicht die Kommunikation mit Menschen, sondern mit Maschinen. (Wobei das Wort »Maschine« eigentlich altmodisch ist. Gemeint sind die Dialoge mit elektronischen Gebilden, die nur noch ironisch Maschinen zu nennen sind.) Maschinen ersetzen die sozialen Bezüge. Die Einwanderung der Maschine geschieht einerseits ganz handfest-körperlich – in der Medizin und der Prothetik, die ja nicht nur wie früher vor allem

Gebisse und Beine umfaßt. Aber die Mensch-Maschinen-Beziehung reicht viel weiter. Vilem Flusser insistiert: Wir müssen die hergebrachte Ideologie vom harten Kern, den wir haben oder der wir sind, aufgeben. Wir sind und werden zunehmend Knotenpunkte eines Netzes, durch dessen Fäden Informationen fließen. »In diesen Knoten werden die Informationen gestaut, prozessiert und weitergegeben, aber diese Knoten sind nicht ein Etwas ... Wir haben eine Anthropologie auszuarbeiten, welche den Menschen als eine Verknotung ... einiger sich überschneidender Relationsfelder sieht.« Flusser verlangt einen Ausbruch aus der verkapselten Individualität, aus Identität, Subjektivität (und wie die Begriffe aus der guten alten modernen Zeit alle lauten).

Aber damit sind wir an einer Bruchstelle angelangt. Das Ich trat aus jedem Wir heraus: aus dem Stamm, der Religion, der Gesellschaft, aus dem Naturzusammenhang. Das befreite Selbst aber zerfällt. Es stabilisiert sich im Dialog mit Maschinen und degeneriert dabei zu einer Kreuzung in Informationsfeldern. Das Ich zerfällt, es bleibt das Glasfaserkabel.

# Himmelfahrt

## Der Mensch als Rohstoff – Vom Menschen aus der Retorte

# Technokannibalismus

## Wenn die Kabel aus dem Bauch sprießen

Das belgische Informationsministerium hat im Mai 1991 die Preise für menschliche Organe festgelegt, die bei Transplantationen berechnet werden. Danach kostet ein Zentimeter Vene etwa 30 Mark, ein Meniskus 400 Mark, ein Oberschenkelhals etwa 160 Mark und ein Quadratzentimeter Haut 80 Pfennig. Die Einfuhr von Organen ist nur möglich, wenn nicht genügend Ersatzteile zur Verfügung stehen. Der Export von Organen hingegen ist unbeschränkt erlaubt. Erreichen will das belgische Gesundheitsministerium mit dieser im Amtsblatt veröffentlichten Liste, daß die Organbanken des Landes keine zu hohen Preise verlangen.

Der Rohstoff Mensch als Im- und Exportartikel: Der Handel mit menschlichen Organen ist eine Angelegenheit, die zwischen Busineß und Mafia oszilliert. Manches ist so legal wie der Drogenhandel. Da werden Inder dazu überredet, eine Niere zu spenden und so sich und ihre Familie aus dem Elend zu retten. Stimmt es, daß in Lateinamerika Kinder verschwinden, weil sie als Opfer für medizinische Transplantationsorgien ihr Leben lassen müssen? 1989 wurde im Nordosten Brasiliens ein zwölfjähriger Junge tot aufgefunden. Ihm fehlten beide Nieren und beide Augen. In Uruguay wird Ende 1991 ein Händlerring entdeckt, der die Organe armer Lateinamerikaner an reiche Empfänger »organisiert«.

Wer heute davon redet, die Züchtung von Menschen stehe vor der Tür, wird als Phantast verschrieen. Tatsächlich liegen die Ansätze zur Menschenzüchtung bereits hinter uns. Am 6. Juni 1991 wurde in der kalifornischen Stadt Durte im City of Hope National Medical Centre der 19 Jahre alten Anissa Ayala Knochenmark transplantiert. Anissa leidet an Leukämie. Als der Versuch, ein geeignetes Transplantat in einer Organbank zu finden, scheiterte, entschlossen sich Anissas Eltern, ein zweites Kind zu zeugen. Dieses Kind wurde gezeugt, um ein Transplantat für Anissa zu bekommen, das verträglich sein würde. Als Anissas Schwester 13 Monate alt geworden war, wurde ihr Knochenmark entnommen, um es der Schwester zu implantieren. Das Kind kam auf die Welt, um als lebende Organbank zu fungieren: Die Menschenzüchtung – so kann man sehen – beginnt nicht im Labor, in dem Frankenstein konstruiert wird; sondern sie kommt auf dem Weg als lebensrettende Maßnahme für ein bedrohtes Kind. Die lebende Organbank entsteht im Schoß der Familie: perfekte Maskerade der Menschenzüchtung. Der nächste Schritt, sind die Menschen erst einmal an Menschenzüchtung gewöhnt, kann dann ins Labor führen.

Dort liegen heute denn auch schon die tiefgekühlten menschlichen Embryonen, bereit, für Forschungszwecke verbraucht zu werden.

Vorläufig ist es aber noch nicht die Menschenzüchtung, sondern der aufblühende Handel mit Organen, der die Säule des Geschäftes bildet. »Verkaufe Niere für 65 000 Mark. Bin männlich und 28 Jahre alt, Blutgruppe A positiv.« Solche Anzeigen kann man im »Journal de Brasil« lesen.

Die Liste der transplantierten Organe wächst schnell. Bisher wurden verpflanzt: Gehörknöchelchen, Hornhaut, Herz, Lunge, Leber, Bauchspeicheldrüse, Nieren, Knochenmark, Darm, Drüsen, Milz, Eierstöcke, Haut, Kniegelenk und Röhrenknochen – und natürlich Blut. Es ist klar, daß die medizinischen Grenzen da – quantitativ und qualitativ – noch lange nicht erreicht sind. Quantitativ wächst die

Zahl der Transplantationen so schnell wie alles, was gut und schön ist in der modernen Welt: Die Bilanzen der Transplanteure können sich sehen lassen. 350000 Nieren, mehr als 7000 Herzen, 4000 Lebern und 1500 Bauchspeicheldrüsen sind – so berichten Siegfried Pater und Ashwin Raman – verpflanzt worden. Und das alles läßt sich zunehmend auch im Verbund realisieren: Im Frühjahr 1990 stellte der Chirurg Thomas Sterzl in Pittsburgh einen Transplantationsrekord auf. An zwei kleinen Kindern – neun Monate und sieben Jahre alt – wurde eine Multiorgantransplantation durchgeführt, und zwar an Magen, Leber, Bauchspeicheldrüse, Dünndarm und Dickdarm. Die Pioniertat führte dazu, daß das eine Kind eine halbe Stunde, das andere hundert Stunden überlebte. An einem sechzehnjährigen Mädchen wurde von einem Pariser Ärzteteam eine Herz-, Lungen- und Leberverpflanzung exekutiert: medizinischer Terrorismus. Die aztekischen Priester, die ihren Opfern das Herz bei lebendigem Leibe herausrissen, waren dagegen liebenswürdig, denn die Qual war immerhin schnell vorbei.

Die Grenzen der Transplantationschirurgie sind noch lange nicht erreicht. Der amerikanische Neurochirurg Robert White bereitet die Transplantation eines Kopfes vor. Das Szenario ist klar: Der Patient hat einen unheilbaren Magenkrebs. Das Opfer ist nach einem Verkehrsunfall mit zertrümmertem Kopf geliefert worden. Bevor dieses Buch ausgeliefert wird, könnten schon Meldungen über eine solche Transplantation in der Zeitung zu finden sein. Es wird heißen: Der Patient hat die Operation überstanden. Der Patient ist gelähmt, denn – noch – ist es nicht möglich, die Nerven des Rückenmarks mit dem Gehirn zu verbinden. Wenig später wird man vermutlich lesen: Der Kopf habe den Körper abgestoßen (oder hat der Körper den Kopf abgestoßen?). Aber bei der nächsten Operation dieser Art wird es dann schon besser gehen. Und warum sollte man nicht eines Tages den alt gewordenen Kopf auf den Körper eines jungen Afrikaners setzen können? Und dann noch ein Schritt: Warum nicht Produktion von Körpern, bei denen das Gehirn weggelassen wird, um so steinreiche Senioren mit Frischkörpern zu versorgen? (Der Fürst von Thurn und Taxis hatte in seiner Sterbestunde umgehend zwei Transplantationsherzen zur Verfügung. – Glück muß man haben.) Eine solche Mikrozephalidenfarm würde eine Reihe moralischer und ästhetischer Probleme umgehen helfen. Der Körper des Fürsten mit dem Herzen eines jungen verunglückten Motorradfahrers – das geht ja noch. Aber ein alter Schädel mit dem Körper eines jungen Nuba-Negers? Das sieht nicht aus.

## Nierentourismus

Hinter der medizinischen Fortschrittseuphorie lauert das banale Geschäft. In Europa ist die Verwaltung und Verteilung von Organen in Banken organisiert und von gemeinnützigen Vereinen kontrolliert, zum Beispiel im KfH, dem Kuratorium für Dialyse und Nierentransplantationen. Kommerzielle Vermittlung von Organen ist nicht erlaubt – aber man braucht nur ein Flugzeug zu besteigen, um nach Indien, ins Paradies des Nierenhandels, zu fliegen. In Indien ist das de facto eine Sache des freien Marktes.

7000 Nierenkranke warten allein in Westdeutschland auf eine Niere; ihre Wartezeit beträgt etwa drei bis vier Jahre. So lange braucht man auf dem freien Markt nicht zu warten. Zarte Bande zum freien Markt für Organe knüpft in Deutschland zum Beispiel Graf Adelmann von Adelmannsfelden. Heute sind es vor allem noch reiche Araber aus der Golfregion, die Abnehmer von Freimarktnieren in Indien sind.

In Villivakkam zum Beispiel hat sich ein Slum auf Nierenspenden eingestellt und ist dadurch zu bescheidenem Wohlstand gelangt. Kidneyvakkam wird die Siedlung deshalb schon abfällig genannt. Aber für die sehr armen Slumbewohner läßt sich der Verkauf einer Niere wie ein Lottogewinn verstehen: »Um an soviel Geld ranzukommen, müßte ich dreimal geboren werden«, sagt ein Nierenspender. »Ich kann auch mit einer Niere weiterleben.«

Die Rede von der Wanderniere gehörte einmal zu den Alltagsscherzen. Inzwischen ist sie skurrile Realität. Der Organnomadismus wird täglich facettenreicher: Herz und Lunge eines hirntoten Spenders werden einem Kranken mit lebensbedrohlichem Lungenhochdruck eingepflanzt. Der wiederum spendet dann sein gesundes Herz einem herzkranken Patienten. Eine Art Quartettspiel mit Organen. Gibst du mir dein Herz? Du kriegst dafür eine Lunge. Einer hat bei diesem Ringtausch dann verloren und wird mit den Füßen voran hinausgetragen. In China ist der Verlierer bisweilen ein zum Tode Verurteilter. Dessen Nieren im Wert von 16 000 DM werden in Kanton implantiert. Sehr frisch, sehr jung.

Wie kommt man an eine Niere? Die Szenerie ist so bunt wie das Leben in einer Goldgräberstadt: Da gibt es das Geschäft mit den Armen, die ihre Organe gegen Bares verkaufen. Da gibt es das Dach totalitärer Staaten, unter deren Schirm die Organe notfalls mit Gewalt gerafft werden. So wird berichtet, daß in der Berliner Charité zu Zeiten der SED-Herrschaft bisweilen Schwerstkranke in das Universitätskrankenhaus gebracht wurden, um sie als Organspender greifbar zu haben. Bei diesen Opfern ärztlicher Kunst war der Hirntod zum Zeitpunkt der Verlegung nicht eingetreten. Die Schwerkranken wurden bereits mit dem Spenderfahrzeug nach Ostberlin gebracht. Das Interesse der Mediziner an erfolgreichen Transplantationen speiste sich aus dem Ruhm und den Privilegien im sozialistischen Staat.

Da gibt es schließlich Versuche, die persönliche Entscheidung von Ärzten (»Ich verwalte sie – die Niere – treuhänderisch«, sagt Dr. Nicholas Ferduska, Transplantationsmediziner) durch eine computerkontrollierte Sachentscheidung zu ersetzen. Dem Computer werden relevante Daten eingefüttert: Wartezeit, Alter, Dringlichkeit, Erfolgsaussicht etc. Das ist ein Muster für die zukünftige Gestalt moralischer Entscheidungen. Moralische Entscheidungen werden nicht »getroffen«, sondern errechnet. Seit 1984 arbeitet in den USA die Organzentrale United Network for Organ Sharing (UNOS). UNOS ist verbunden mit 226 Transplantionszentren und 63 Organvermittlungszentren in den USA. 1988 waren 14 000 Patienten bei UNOS registriert. Die Warteliste, die Regeln von UNOS, medizinische Kriterien – das ist die administrative Antwort auf den Organenpaß. Marc Dowie berichtet indessen über Möglichkeiten, diese Warteliste zu umgehen. Die beste Chance liegt in einer Mediengesellschaft selbstverständlich darin, die Transplantation zu einem Medienereignis zu machen.

Das Ausgangsszenario:

Jesse Sepulveda kommt 1986 mit einem Herzfehler zur Welt, der eine Herztransplantation notwendig macht. Jesse ist das uneheliche Kind einer siebzehnjährigen Mutter. Futter für ein Medienereignis. Es fehlt nur noch der zündende Funke. Der kommt hinzu, als in der Klinik von Loma Linda der Herzchirurg Leonard Bailey die Herztransplantation für notwendig erklärt, die Klinik aber die Aufnahme verweigert: Die Eltern von Jesse sind nicht verheiratet. Sie haben keine Ausbildung und sind charakterlich labil. Es beginnt eine Medienkampagne gegen den zum Schurken stilisierten Bailey. Die Großeltern erklären sich bereit, Jesse aufzunehmen. Bailey stimmt nun der Transplantation zu – das alles könnte, wie man sieht, in einer Seifenoper nicht besser erfunden werden. Der Fall ist nun bereits jedem amerikanischen Haushalt bekannt. In einer Talk-Show erzählen die Eltern ihre Geschichte und bitten um ein Herz für Jesse. Man glaubt es kaum, aber Amerika ist immer noch das Land der unbegrenzten Möglichkeiten: Während der Sendung ruft Frank Clemenshaw aus Wyoming an, dessen neugeborenes Baby soeben gestorben ist. Die Clemenshaws erklären sich bereit, den beatmeten Körper ihres hirntoten Sohnes nach Loma Linda zu schicken. Das Herz ist da. Das Baby wird nach Kalifornien gebracht, das Herz entfernt, dem Jesse eingepflanzt: Happy-End. Drei Wochen nach der Operation verläßt Jesse zusammen mit seinen Eltern, nicht mit den Großeltern, die Klinik. Ein Rührstück, von dem die Talk-Shows noch Jahre zehren. Ein kriminelles Rührstück, wenn man sieht, daß die Medien die Warteliste außer Kraft setzen. In den Hauptrollen dieses Rührstücks: Leichenfledderer.

Das Fernsehereignis kreißt und setzt eine Familie in die Welt: Es gebiert ein Kind, denn ohne das Medium würde Jesse nicht leben. Der Film läuft zwar rückwärts (erst wird das Kind geboren, dann die Familie gegründet), aber die Simulation ist perfekt. Ebenso wie die Boulevardpresse immer mehr von selbstgemachten Nachrichten lebt, so scheinen soziale Gebilde wie die Familie, die in der Wirklichkeit längst flüchtig sind, von den Medien noch einmal auf den Bildschirm projiziert zu werden. Dort und in den Familienserien gibt es sie noch. Doch wie funktioniert eine Ehe, die vom Fernsehen eingesegnet wurde?

In den USA werden jährlich ca. fünfhundert anenzephale Kinder geboren. Das sind Kinder, die ohne Hirn auf die Welt kommen. Da eröffnen sich grandiose Möglichkeiten, denn das sind ganze menschliche Truhen mit Frischorganen. Und so werden sie denn auch zunehmend genutzt. Leichenfledderei hat einmal als ein besonders abscheuliches Verbrechen gegolten. Und Antigone riskiert ihr Leben, um den Leichnam ihres Bruders vor den Aasfressern zu retten. Sie begräbt ihn gegen das Verbot des Herrschers. Heute sitzen die Leichenfledderer in den Transplantationszentren und geben sich als Speerspitze des medizinischen Fortschritts aus. Sie drängen die Angehörigen, ihre Kinder, ihre Geschwister für die medizinischen Aasgeier freizugeben.

Mark Dowie berichtet von einer solchen Leichenfledderei der weißbekittelten Aasgeier. Auch die sitzen bereits um das sterbende Opfer und warten. Wie in der Geschichte von dem fünfzehnjährigen kalifornischen Jungen. Nach einem Skateboardunfall wird er mit einer Gehirnblutung ins Krankenhaus eingeliefert. Während die Ärzte auf den Hirntod warten, verteilt und verkauft eine Mitarbeiterin des Krankenhauses schon Herz, Leber und Nieren des Jungen. Knochen, Haut, Mittelohren und Augenhornhaut werden gegen eine geringe Gebühr für Beschaffung und Aufbereitung ebenfalls abgegeben. Sind die Eltern in der Lage der Antigone, die ihren Bruder vor den Geiern rettet und gegen das Gebot des Kreon begräbt? Wird es bald notwendig sein, gewaltsam oder heimlich den Leichnam des eigenen Kindes den weißbekittelten Leichenfledderern zu entreißen? Die Gesetzeslage ist noch so, daß die Eltern gefragt werden müssen. Gesetzesänderungen sind in der Diskussion. Der erste Schritt wird wohl dahin gehen, die »Organernte« nur dann zu unterlassen, wenn die Eltern oder Angehörigen dies ausdrücklich untersagen. Gefragt werden muß dann nicht mehr.

Anfang 1988 befaßte sich das Europäische Parlament mit einer Meldung aus Guatemala. Dort war ein Organhändlerring aufgeflogen. Gehandelt wurde mit Babys im Alter von elf Tagen bis zu vier Monaten. Die elf Kinder, die sich in den Händen der Kriminellen befanden, sollten an Familien in den USA und Israel verkauft werden, an Familien, deren Kinder Organtransplantationen benötigten. Das ist abscheulich direkt und räuberisch. Die Methoden werden sich schnell verfeinern. Vermutlich zuerst dadurch, daß ein Notstand proklamiert wird: Niemand dürfe die Organe frisch Verstorbener verweigern, da es unterlassene Hilfeleistung sei, wenn die nicht herausgegeben würden, obwohl damit das Leben eines anderen verlängert werden könne. 1990 erklärt die damalige deutsche Gesundheitsministerin Ursula Lehr, das Organspendeaufkommen müsse vorrangig durch »die Verbesserung von Organisation und Struktur des Transplantationswesens« gesteigert werden. Da haben wir es. Es geht eben auch im Gesundheitsministerium um die Sicherung von Rohstoffreserven. Raub ist unfein und unzivilisiert. Der Abbau der Rohstoffe muß in geregelten Bahnen verlaufen. Später wird mit Hilfe von Genkopierverfahren vermutlich einmal die Nachzüchtung eigener Organe möglich sein: Die Produktion von Organen auf Organplantagen wird das blutige Geschäft entpersonalisieren. Vom Organraub zur Organzucht.

Das Transplantationsprojekt ist im übrigen auf dem Weg ins Unsichtbare: Das transplantierte Herz kann man sich vorstellen, ist faßbar. Das transplantierte Gen ist ein Mikroakt. Thomas Caskey, Houston, erwartet die erste Gentransplantation für 1992. Und eines nicht zu fernen Tages wird werden, was Richard Roberts, führender Wissenschaftler im Genforschungszentrum Cold Spring Harbour, sagte: »Dieses Gen wird zu einem Nasenkarzinom führen. Und dann wird man eben die schlechte Kopie durch eine gute ersetzen, bevor es dort losgeht. Es wird nicht so schwierig sein. Man wird es im Sperma tun.«

Noch schlachtet Tantalus vor unseren Augen. Tantalus war ein Halbgott, ein Sohn des Zeus, er war reich und berühmt. Die Götter erhoben ihn so hoch, daß er an ihrer Tafel sitzen durfte, um mit ihnen zu speisen. Aber er begann, die Geheimnisse der Götter an die Menschen zu verraten, er stahl Nektar und Ambrosia vom Tisch der Götter und verteilte diesen Raub an seine irdischen Genossen. Eines Tages lockte es ihn, die Allwissenheit der Götter auf die Probe zu stellen. Er schlachtete seinen eigenen Sohn Pelops und setzte ihn den Göttern als Speise vor. Nur Demeter, die in Trauer um ihre geraubte Tochter Persephone vertieft war, verzehrte ein Schulterblatt. Aber die anderen Götter bemerkten den Greuel, sie warfen die zerstückelten Glieder des Knaben in einen Kessel. Die Schicksalsgöttin Klotho zog ihn aus diesem Kessel mit erneuter Schönheit hervor. Für die verzehrte Schulter wurde ihm eine elfenbeinerne eingesetzt. Tantalus aber wurde nach diesem Frevel in die Unterwelt verstoßen und erlitt schreckliche Qualen.

Die Qualen des Tantalus, der von Wasser umringt dursten mußte, weil der Wasserspiegel vor ihm zurückwich, wenn er sich vornüberbeugte, die Qualen des Tantalus sind über uns gekommen: Ein Lebensdurst, eine Lebensgier ohnegleichen treibt die Menschen dazu, ihre Lebensspanne um jeden Preis auszudehnen, ohne daß der Durst gelöscht werden könnte. Der sechzigjährige Juwelier Joseph Rizzo aus Long Island teilt 1987 im »Magazine New York« mit: »Ich habe um einen Unfall gebetet, bei dem ein gesunder junger Mensch mit meiner Größe und Blutgruppe ums Leben kommt, damit es ein neues Herz für mich gibt.«

Auf der Jagd nach Überlebenshilfen durch Organe und Maschinen ist die Kunst, alt und lebenssatt zu sterben, verlorengegangen. Bis zuletzt ist der Mensch ein medizinisches Projekt, das beatmet und ernährt wird. Dem man Sterbebegleitung zuteil werden läßt und dem man – wie es Elisabeth Kübler-Ross getan hat – Sterbestufen zuschreibt, die zu absolvieren sind.

## Eiweiß- oder Stahlprothesen?

Es ist zu vermuten, daß am Ende dieses Jahrtausends etwa die Hälfte aller chirurgischen Eingriffe Transplantationen sein werden. Dabei scheint es so, als gäbe es einen Wettlauf zwischen der Transplantation lebender Organe und der Implantation von Maschinen. In beiden Projekten geht es um die Frage, welche Menschenteile am besten durch Duplikate ersetzbar sind. Hat die Augenprothese – die Brille – eine Zukunft oder die Laserstrahloperation? Werden wir mit dem Kunstzahn leben oder mit transplantierten Zähnen? Wird das brechende Herz durch eine Pumpe ersetzt oder durch eine Bioprothese?

Konvergieren die beiden Reparaturprojekte? Könnte die Innenrenovierung eines Körpers bald so aussehen, daß ein Multipack aus Herzpumpe und Lebendlunge für den Brustraum entwickelt wird, während im Verdauungsbereich der Leber-Nieren-Set aus einem Leichnam, der Darmtrakt aber aus der Fabrik kommt? Auch wird es wohl gelten, Tabus zu berücksichtigen: Seltsamerweise ist die Herztransplantation mit medizinischen, kaum aber mit psychischen Problemen konnotiert. Hingegen dürfte die Einpflanzung von Zähnen aus dem Körper eines Toten Ekelgefühle erwecken. Wieso nicht bei den Nieren, die immerhin ein Ausscheidungsorgan des Spenders waren?

Wie ist es überhaupt mit den Grenzen der Prothetik? Offenbar ist es ein kultureller Konsens, daß die Transplantation eines Herzens die Persönlichkeit des toten Spenders und des lebenden Empfängers nicht vertauscht. Umgekehrt dürfte es auch ein Konsens sein, daß die Transplantation eines Gehirns – bisher sind nur einzelne Zellen transplantierbar – die Existenz der Person berühren. (Eine »Organernte« darf ja auch erst beginnen, wenn der »Hirntod« festgestellt ist.) Aber in Zukunft werden wohl Joint-ventures, wie man sie aus der Entwicklungshilfe kennt, denkbar sein. Man stelle sich einen Patienten mit Gehirntumor und einen mit einem Gewebetumor, der den Körper durchseucht hat, vor: Könnten die beiden sich zusammentun? Ist das noch eine Transplantation, oder ist das eine medizinische Verschmelzung zweier Personen? Aus zwei mach eins!

Auch wenn das zur Stunde noch Gedankenexperimente sind – die Frage läßt sich nicht mehr vertagen: Zertrümmern die Prothetik und die Transplantationschirurgie das traditionelle Bild vom Individuum? Es ist einerseits eine Organmischerei im Gange, die schließlich auf das Zusammenstückeln verschiedener Personen hinausläuft. Andererseits entstehen Mischwesen aus Mensch und Maschine, und wo liegen da die Grenzen des Umbaus?

Die Tendenz zeigt dabei auch in Richtung Mikrotransplantation. Fetales Gewebe, abgetriebenen Embryonen entnommen, wird schon benutzt. Der Münchner Neurologe Wolfgang Oertel teilt mit, daß bisher vierhundert Parkinsonkranken fetales Nervengewebe eingepflanzt wurde. Die Dunkelziffer, so meint er, liege aber eher doppelt so hoch. Die Leibesfrucht als Gewebebank? Andererseits gewinnt auch die »intrauterine Therapie« an Boden. Der Embryo wird nicht nur verbraucht, sondern auch behandelt.

Es bleibt ja auch nicht bei Innenrenovierungen, beim Austauschdarm, bei der Neuniere und dem runderneuerten Herzen. Die Fassadenerneuerung ist im Gange. Wie wird das sein, wenn die Gesichtsoperation auch bei uns in Europa Routine wird? Die Nasenkorrektur und die Gebißregulierung gehören in Kalifornien bei denen, die sich's leisten können, schon zur Ausstattung dazu. Kein Twen ohne Gesichtsdesign: 1988 haben sich bereits 116 000 Amerikaner unter achtzehn Jahren einer Schönheitsoperation der Nase unterzogen. 16 Prozent aller Eingriffe bei abstehenden Ohren entfielen auf Minderjährige. Es ist nicht so schwer, sich ein

Gesicht schneiden zu lassen, das den Stargesichtern nachempfunden ist. Nehmen wir die Möglichkeiten, die die Kosmetikindustrie bietet, und das systematische Nachäffen von Fernsehgesichtern dazu, dann ist das Normgesicht auf dem Markt. Nancy Reagan gibt einen Vorgeschmack auf die Möglichkeiten der Gesichtstransplantation. Ihr Gesicht wirkt in seiner alterslosen Maskenhaftigkeit noch etwas ungekonnt. Aber solche Gesichter zeichnen den Weg vor in medizinisch-kosmetisch gleichgeschaltete Gesichter. Wer sich heute Fotos aus Großelterns Zeiten ansieht, weiß, wie weit das schon gediehen ist: Welcher Fünfzigjährige sieht schon noch aus wie ein Fünfzigjähriger? Nancy Reagan ist überall. Auch wenn man morgens in den Spiegel blickt.

Die Gesichtsprothese wird uns bald so gewohnt sein wie das künstliche Gebiß. Unwahrscheinlich? Hat das Diktat des Schlankseins nicht dazu geführt, daß immer mehr Frauen sich zu Tode hungern? Da wird doch versucht, den Körper dem Titelbild anzugleichen, das Modezeitschriften propagieren. Naomi Wolf behauptet, daß in den USA bis zu 20 Prozent der jungen Frauen an Anorexie leiden und dabei sind, sich zu Tode zu hungern. Sie spricht davon, daß weitere 30 bis 50 Prozent an Bulimie leiden: Sie kotzen sich die Seele aus dem Leib. Die Zahlen klingen unglaublich, aber in den USA werden immerhin jährlich 150000 Todesfälle registriert, die aus den Eßstörungen Anorexie und Bulimie entstehen. Ein amerikanischer Jugendlicher hat – so wird berechnet – bis zu seinem achtzehnten Lebensjahr ca. 500000 Werbespots gesehen. Wieso sollte er nicht in Versuchung geraten, seinen Körper den Figuren entsprechend zu gestalten, die ihm in der Werbung entgegentreten?

Während noch jeder zweite Schlager sich auf Herz und Schmerz reimt, während die psychosomatisch orientierten Ärzte und Therapeuten nach den seelischen Ursachen von Herzerkrankungen suchen, überspringt die medizinische

Technik den Seelenschmus des 20. Jahrhunderts und baut die ersten Pumpen ein, die wichtige Teile des Herzens übernehmen. Irgendwie erinnert das an weiße Entwicklungshilfe in Afrika, die auch auf lokale Kulturen keine Rücksichten nimmt. So ist das mit der altabendländischen Gefühlskultur auch. Sie hat etwas Rückständiges, Afrikanisches, das im Schlager noch folkloristische Fortsetzung finden darf. Der Herz-und-Schmerz-Schlager aber – so museal wie der Volkstanz – singt von etwas, was es in Wirklichkeit nicht mehr gibt, weil sich Schmerz auf Herz, aber nicht auf Pumpe reimt. (Wo volkstümlich gesagt wird: Die Pumpe will nicht mehr, da ist schon vorweggenommen, daß aus dem Organ ein Modul werden soll.)

Der »Spiegel« berichtet: Mit einer kleinen Tragetasche, die von der Schulter baumelt, ist der Patient unterwegs.

Die kleine Tasche – so groß wie ein Walkman – enthält aufladbare Batterien. Aus dem Walkman ragen kleine Strippen, die sich durch die Haut des Patienten bohren und ihn unterhalb des Zwerchfells mit Strom versorgen. Denn dort sitzt eine kleine Pumpe. Die kleine Pumpe kann die Arbeit der linken Herzkammer ersetzen. Die linke Herzkammer leistet 65 Prozent der gesamten Pumparbeit des Herzens. Der Patient – im Besitze der Pumpe – kann die Zeit überbrücken, bis ein geeignetes Spenderherz gefunden ist, das man ihm einpflanzen kann. Die Pumpe stabilisiert den Kreislauf, wenn das Herz zu versagen droht. Die Halbherzprothese ist also schon auf dem Markt. Zwar sprießt noch der Kabelsalat aus dem Bauch des Patienten, aber es wird nicht lange dauern, dann läßt sich der Elektromotor über elektromagnetische Felder stimulieren. Noch verklumpen sich auch die roten Blutkörperchen an den Nahtstellen zwischen Maschine und Körper; aber es ist eine Frage der Zeit, bis es gelungen sein wird, den Körper an dieser Stelle zu überlisten.

Die Herzprothese, die dieser Halbherzprothese folgen

dürfte, überbietet alle Märchen (»Das steinerne Herz«), macht die Dichter arbeitslos (Herz und Schmerz) und alle jene Therapeuten, die in einer Herzkrankheit den Ausdruck eines seelischen Konfliktes sehen wollten. Die Prothese überbrückt Gefühl und Seele. Nehmen wir gleich die Prothese hinzu, die an jenem heiklen Ort eingesetzt wird, der bisher die Dichtung des Abendlandes inspiriert hat, nun aber zu einem operativen Schlachtfeld degeneriert: 10 Prozent aller Amerikaner sind – wenn die einschlägigen Untersuchungen stimmen – impotent. Vor zwei Jahren wurden im Land der unbegrenzten Möglichkeiten die »Anonymen Impotenten« gegründet. Sie erhielten innerhalb von zwei Jahren 70 000 Anfragen von Betroffenen. Dem entspricht es, daß in den USA jährlich 50 000 Potenzprothesen eingepflanzt werden. Die Erektionsprothese kann nach Gebrauch weggeklappt werden – es gibt Standard- und Luxusausführungen. Die Luxusversion arbeitet mit einer Hydraulik zum Aufpumpen. Ecce homo!

## Gesundheit als Leistung

Erinnern wir uns noch, daß bis gestern Potenzprobleme zum Psychotherapeuten zu tragen waren? Die biologisch-technische Variante löst den Seelendoktor auch hier ab. Das ist insofern erfreulich, als Therapeuten in unverschämter Weise geneigt waren, den Kranken die Schuld für ihre Leiden in die Schuhe zu schieben. Wozu brauchtest du diese Krankheit? Was bedeutet dir dein Krebs? Das ist Klientenlästerung angesichts einer Lebenswelt, die so satt mit Giften angereichert ist, daß man getrost den Krebsverursacher erst einmal bei den Chemiegiganten suchen darf, bevor man das Individuum auf die schlechte Verwaltung seiner Gefühle anspricht. Therapie lebt von der Illusion, daß die Individuen einen Einfluß auf ihre Leiden nehmen könnten. Das verschüttet die melancholische Einsicht, daß wir die Dioxine schon zwangsweise mit der Muttermilch schlürfen. Heute ist es ein fürsorglicher Akt, wenn Mütter ihren Kindern die Zuwendung qua Brust entziehen. Während Therapeuten noch den Gefühlshaushalten ihre Aufmerksamkeit widmen, sitzen die Patienten schon auf einer zur Mülldeponie gewordenen Welt und sammeln in sich Cadmium und Quecksilber und Cäsium.

Gesundheit war einmal eine Tugend – heute ist sie ein Leistungssport. Gesundheit war ein Begriff für die harmonische Mischung, für das vernünftige Zusammenspiel der Urelemente. Gesund war – wie Ivan Illich bemerkt –, wer sich so, wie er eben zur Welt gekommen war, in die Harmonie des Weltalls fügt. So kann man das bei Plato lesen. Erst seit dem 18. Jahrhundert wird aus der Gesundheit eine Aufgabe, etwas, das zu erstreben ist. Gesundheit wird zu einem Besitz: Gesundheit ist machbar, ist bei Experten zu kaufen. Sie ist nicht eine gelungene Schwingung der Elemente, sondern etwas, was an der Person haftet – oder nicht. Sie war ein Zustand, jetzt ist sie eine Aufgabe geworden. Nur aus einer solchen Auffassung heraus ist es denkbar, daß sich Menschen bereit erklären, ihr Herz oder ihre Potenz durch eine Prothese zu ersetzen, daß sie bereit sind, andere Körper auszuräubern, um sich die gestohlenen Organe einzuverleiben.

Radikale Individualisierung steckt dahinter. Wenn sich ein mittelalterlicher Theologe wie Hugo von St. Viktor fragt, was das Erstrebenswerteste auf Erden sei, dann heißt die Antwort: sapientia, die Weisheit. Frage ich heute Studierende, dann werden sie – frage ich genau genug – antworten: Das Erstrebenswerteste ist die Selbstverwirklichung. Dieser radikale Selbstbezug, diese radikale Individualisierung ist es, die das Geschäft der Gentechnologen, der Organtransplanteure, der Prothesenverfertiger beleben. Die Menschen haben gelernt, sich als ein medizinisches Projekt zu sehen. Als ein kleines System, in dem es gilt, ständig zu optimieren, zu kontrollieren und zu regulieren. Zum Beispiel Aids: Die Art und Weise, wie Aids öffentlich behandelt wird, läßt darauf schließen, daß die Menschen geradezu sehnsüchtig eine solche Selbstbetrachtung aus systemtheoretischer Perspektive adaptieren. Aids ist – so wird uns erklärt – ein Problem des Immun»systems«, gern wird die Vokabel »körpereigen« hinzugeführt. Das körpereigene Immunsystem. Man muß sich das auf der Zunge zergehen lassen – eine kurze Erinnerung an Plato macht den Wandel deutlich. Gesundheit war – wie erwähnt – eine Verknüpfung mit den Urelementen, das Ich ein Ort der Vermischung dieser Elemente. Nun aber ist es ein Regelkreis, dessen Input und Output unter Beobachtung stehen. In dem bestimmte Teile austauschbar sind, wenn sie schadhaft geworden sind.

Gäbe es einen Weltgeist, dann würde er allerdings an dieser Stelle höhnisch lachen. Denn gerade diese Input- und Outputkontrolle ist zur Farce geworden. Dem Ozonloch, dem Treibhauseffekt, der strahlungs- und chemieverseuchten Umwelt, der Überfütterung mit Antibiotika, der epidemischen Zerstörung von »Immunsystemen« ist eben nichts gewachsen. War Gesundheit einmal ein Ausdruck der Mischung der Urelemente (Wasser, Erde, Feuer, Luft), so wird das Individuum heute zu einer Müllmischung, kombiniert aus Giften, die den Labors der Menschen entströmen. Aus der Art der Mischung der Urelemente entstand der Sanguiniker, der Phlegmatiker, der Choleriker, der Melancholiker. In der Mischung, die heute angeboten wird, sind die vier Elemente durch Schadstoffe ersetzt, deren Verträglichkeit von der EG-Kommission festgesetzt wird. Aus der Art der Schadstoffmischung entsteht die neue Typenlehre: der Krebsgefährdete, der Diabetisgefährdete, der Infarktgefährdete, der Rheumagefährdete. Dem Individuum fällt die Aufgabe zu, diese Mülldeponie in Ordnung zu halten, so gut es geht: durch gesunde Ernährung und durch Sport vor allem – Gesundheit ist eben eine Aufgabe. Sie wird immer mehr eine Angelegenheit der Resistenz. Wie im Nutzpflanzenbereich jetzt Pflanzen hergestellt werden können, denen Resistenzen eingebaut sind, Resistenzen gegen die Pestizide, die diese Pflanzen umlagern, so wird es darum gehen, die Menschen resistent zu machen gegen Strahlungen und Gifte. Die Gesundheitspropaganda will uns mitteilen, daß wir uns verstehen sollen als Nutzmenschen wie die Nutzpflanzen. Als einen hybriden Organismus, der durch bestimmte Beigaben schädigungsresistent gehalten wird. Zum Beispiel durch Bewegung, die aus dem Fitneßzentrum bezogen wird, Nahrung, die aus dem Bioladen geholt wird, und Medikamente, die aus der Apotheke stammen.

Wird es demnächst heißen: Jeder muß sein Gesundheitskapital selbst verwalten? Die Gentechnologie werde es erlauben, so ist zu hören, jeden Menschen über seinen Gesundheitskontostand aufzuklären. Jeder habe dann zu entscheiden, welche Risiken er eingehen wolle. Und harte sozioökonomische Konsequenzen werden für den Gesundheitsrisikofreudigen angedroht: Der Chef der Bundesärztekammer, Karsten Vilmar, hat 1991 gefordert, Übergewichtige mit höheren Krankenkassenbeiträgen zu belasten. Wer Zucker ißt, wird bald so angesehen sein wie jetzt ein Raucher. Beide werden Risikozuschläge bei ihrer Krankenkasse zahlen.

Gesundheit ist damit ein Lügengeschäft geworden. In Zukunft wird die Selbstverwaltung der Gesundheit noch durch Labortechnik optimiert werden. Es geht darum, durch genetische Eingriffe ein gegen radioaktive Strahlen resistentes Geschöpf zu produzieren. Es geht darum, gegen den Hautkrebs zu immunisieren, der unter dem Ozonloch zum Massenphänomen wird. Bei alledem aber ist nicht an Gesundheit im alten Sinne dieses Begriffs gedacht; sondern es geht bei der Gesundheitspropaganda um die Abdeckung einer Jauchegrube. Das ist und wird immer mehr das Geschäft der Ärzte, ihres Apparates und ihrer therapeutischen Handlanger: Der Deckel auf der Jauchegrube kann aus psychotherapeutischer Einlegearbeit bestehen oder aus Transplantationsgewebe oder aus Plastik-Metall-Konstrukten. Das ist Geschmackssache.

Gesundheit, die wir in eigener Verantwortung wahrnehmen sollen, ist eine durchsichtige Illusion. Gesundsein reduziert sich – wie Ivan Illich nachweist – auf eine Kombination von Technikgenuß, Umweltschutz und Anpassung an Technikfolgen. Alles teure Sachen, die sich nur Begüterte leisten können. Ein Heer von Gesundheitsexperten, Gesundheitspädagogen und Gesundheitsberatern wird ausgebildet, um die Leute an die Verwaltung von Giftsystemen zu gewöhnen und sie glauben zu machen, es handle sich dabei um Gesundheit. »Die Zumutung, daß wir die unvermeidlichen Epidemien des postindustriellen Zeitalters als eine Art höherer Gesundheit auf uns nehmen sollten, ist eine unter Pädagogen derzeit modische Frechheit. Unterricht im Leiden und Sterben ist unverschämt. Belieferung mit Trauerberatung, Sterbepädagogik, Gesundheitsplanung zielen direkt auf die Zerstörung der Kunst des Leidens und des Sterbens« (Ivan Illich).

Der Mut ist heute nicht mehr bei den neuesten Transplantationsvorhaben angesiedelt. Nicht da, wo die Ware Gesundheit auf dem medizinischen Markt feilgeboten wird. Der Mut ist bei denen, die – gegen Macht und Gesetz – sich den Zumutungen der Gesundheitsindustrie verweigern.

# Das Designerkind

## Schöpfung im Reagenzglas

Esperanza Martin ist 44 Jahre alt, sie hat fünf Söhne. Das Oberste Gericht in Katalonien weist 1990 ihre Klage ab, mit der sie ihr Recht auf eine Tochter durchsetzen wollte. Wie das? Nun, sie wollte die gezielte Zeugung einer Tochter durch künstliche Befruchtung. Zur vollständigen Selbstverwirklichung fehle ihr eine Tochter, sagt sie. Die gezielte Zeugung eines Sohnes oder einer Tochter durch künstliche Befruchtung ist aber bislang in Spanien verboten. Nur wenn die Weitergabe von Erbkrankheiten verhindert werden soll, ist die Wahl des Geschlechtes zulässig, entschied das spanische Gericht.

Kleine Meldungen dieser Art kann man fast täglich lesen. In diesen Meldungen auf der letzten Zeitungsseite dämmert die neue Zeit herauf. In die Geschichte der Esperanza sind einige Neuerungen in den Lebensumständen der Menschen eingewickelt: Esperanza, die gern eine Tochter hätte, klagt nicht vor Gott, sie klagt nicht beim Kräuterweiblein: Sie klagt vor dem spanischen Gericht, um eine Tochter zu bekommen. Ganz nebenbei erfahren wir – wenn wir es noch nicht wußten –, daß es längst möglich ist, das Geschlecht des Kindes zu bestimmen, wenn man sich zur künstlichen Befruchtung entschlossen hat. Kurz gesagt: Das Kind ist – auch im katholischen Spanien – kein Geschenk Gottes mehr, sondern ein Schwangerschaftsprodukt, eine Ware, an die Ansprüche gestellt werden können. Afrikaner und Arme werden es künftig sein, die nehmen müssen, was ihnen die

Schwangerschaft beschert. Besserverdienende nehmen keine Konfektionskinder, sondern Kinder nach Maß. Es ist allenfalls noch ein technisches Problem, die Haarfarbe, die Augenfarbe, die Gestalt des Schwangerschaftsproduktes zu formen. Es kann nicht verwundern, daß dementsprechend auch die ersten Abnahmeverweigerungen zu registrieren sind. Wenn Laborkunden mit der Babyware nicht zufrieden sind – gibt es dann ein Rückgaberecht wie bei jedem Versandhaus? Es gibt es.

Nach künstlicher Befruchtung werden bei einer Frau Drillinge in der Gebärmutter festgestellt – Ultraschall erlaubt die Durchsuchung. Die Frau lebt zwar in guten finanziellen Verhältnissen, aber sie wünscht Zwillinge. Drillinge – so sagt sie – habe sie nicht bestellt. Ihr Arzt lehnt einen Eingriff ab, aber ein Kollege ist bereit, einen der Föten in der Gebärmutter zu beseitigen.

Zu derartigen Pannen kommt es bei der künstlichen Befruchtung oder bei Hormonbehandlungen häufig. So hat sich die Bundesärztekammer 1989 zu einer Bekanntmachung entschlossen, die den Titel trägt: »Mehrlingsreduktion durch Fetocid«. Was einmal die Engelmacherin war, erhält hier eine technisch-kühle Bezeichnung, die eher aus Kochbüchern (»Soßenreduktion«) bekannt ist. Die besten Exemplare werden ausgewählt aus einer Massenproduktion – so ist das in der freien Marktwirtschaft mit Güteklassen auch.

Der Zug in Richtung Babydesign ist abgefahren, und es ist sehr schwer, gegen das Babydesign zu argumentieren: Werden nicht Erbkrankheiten, Mißbildungen, Dorftrottel vermieden? Wer möchte schon ein mongoloides Kind, wenn denn die Ärzte in einem frühen Stadium solche drohenden »Mißgeburten« erkennen können? In wessen Namen und woher ein Gegenargument gegen das Designerkind nehmen? Im Namen der »Natürlichkeit«? Das ist ein Begriff so schwammig-dumpf wie der Förster aus dem Silberwald.

Wenn das das einzige ist, was gegen die Kindergestalter zu sagen ist – dann soll man ihnen lieber gleich das Feld räumen.

Aber was ist heute schon möglich, und was wird morgen möglich sein? Serienkinder ohne Defekte? Menscheneinheiten verschiedener Güteklasse? Embryonen, die je nach Bearbeitungsgrad unterschiedlich teuer sind? Wird es – wie bei Autos – eine Klein-, Mittel- und Oberklasse geben? Es kostet doch unterschiedlich viel, ob man einen Embryo nur auf Erbkrankheiten testet oder auch noch das Geschlecht wählt oder die Augenfarbe verändert werden soll. Den Erbkrankheitstest bezahlt vielleicht noch die Krankenkasse; aber ob man sich einen Jungen oder ein Mädchen aus der Embryonenschar ausbrüten läßt, diese Möglichkeit wird wohl von der privaten Brieftasche bestimmt. Ja und? Ist denn das nicht der Witz am Reichtum, daß man sich etwas leisten kann, was andere nicht bezahlen können? Nur wer kein Geld hat, wird in Zukunft mit dem zufrieden sein müssen, was die Natur zufällig hergibt.

Erst fängt es ganz langsam an ... Das Designerkind kommt nicht gleich als durchkonstruiertes Produkt aus der künstlichen Gebärmutter auf den Markt. Die ersten Autos haben auch noch wie Pferdekutschen ohne Pferde ausgesehen.

Aber bei den medizinischen Klempnerarbeiten bleibt das Kinderdesign natürlich nicht stehen. Der Weg in die Kontrolle und den Umbau des Embryos ist beschritten. Das Ultraschallbild vom Embryo wird hie und da schon als vorgeburtliche Anzeige verschickt (ganz abgesehen davon, daß die neuen Väter gern die Geburt mit der Videokamera festhalten). Vorsorgeuntersuchungen, Durchleuchtungskontrollen gehören zur ordentlichen Schwangerschaft dazu. Wie man am Flughafen das Gepäck auf Gefährdungen der Mitreisenden röntgt, so wird auch die Gebärmutter vom

Geburtspersonal kontrolliert, ob sie nicht etwa gemeinschaftsgefährdende Mißbildungen mit sich führt. Die Embryonenkontrolle läßt sich seit den fünfziger Jahren auch auf das Geschlecht des Embryos erstrecken, so daß es möglich ist, die Geburt eines Mädchens oder eines Jungen zu verhindern. Mit Hilfe einer langen Hohlnadel, die in die Gebärmutter der schwangeren Frau geführt wird, kann Fruchtwasser entnommen werden. Im Labor kann dann getestet werden, ob es sich um XX- oder um XY-Zellen handelt, und dann ist klar, ob da ein Mädchen oder ein Junge entsteht. Untersuchungsmethoden, die unaufwendig und sehr früh die Bestimmung des Geschlechtes erlauben, sind in der Entwicklung. In Indien haben Ärzte aus dem Test gutgehende Geschäfte erblühen lassen, da in Indien das Schwangerschaftsprodukt »Mädchen« eher unerwünscht ist.

Noch ohne in den Aufbau des Embryos einzugreifen, können heute schon durch Kontrollmaßnahmen drei Grundtatbestände für das Produkt Kind von den Eltern bestimmt werden:

1. Mißbildungen können erkannt und selektiert werden. Es kann mithin eine Garantie für ein im wesentlichen einwandfreies Produkt gegeben werden. Allein durch Ultraschalluntersuchungen können heute 70 Prozent aller Fehlentwicklungen aufgespürt werden. Es ist auch möglich, Blutproben vom Fötus zu nehmen. Stolz konnte 1989 mitgeteilt werden, daß der erste Embryo im Mutterleib operiert worden ist. Eine Zwerchfellausstülpung wurde korrigiert.

2. Besonders bei künstlicher Befruchtung ein Thema: Die Zahl der Kinder kann durch Reduktion festgelegt werden. Es kann zwischen dem Einzelkind, Zwillingen oder Drillingen gewählt werden.

3. Ob blaue oder rosa Söckchen gekauft werden müssen, darüber spekuliert nicht mehr die erfahrene Großmutter. Ist das Gewünschte nicht unterwegs, kann die Schwangerschaft abgebrochen werden, bis sich der Stammhalter oder der feministische Nachwuchs einstellt. 1991 wurden in den USA innerhalb von zwei Tagen zwei Anträge auf die Patentierung von Methoden zur Geschlechtswahl bei Säugetieren gestellt.

Mit diesen Eingriffsmöglichkeiten ist schon ein beträchtlicher Schritt auf dem Weg zum Designerkind getan. Tod und Geburt sind die Randbereiche des Lebens in einer verwalteten Welt, denen am ehesten noch der Ruch des »Natürlichen«, des »Werdens und Vergehens« anhaftet. Werdendes Leben wird immer deutlicher dem Unkalkulierbaren entrissen und in ein gemachtes und kontrolliertes Produkt verwandelt. (Ebenso wie vergehendes Leben am Bildschirm, an oszillierenden Hirnfunktionen gemessen wird.) Aber gerade setzen wir erste Schritte in ein Territorium, das von der mikrobiologischen Revolution eingenommen wird: Und da erst wird aus dem Embryo nun wirklich ein Produkt – ein Produkt aus den gestaltenden Händen von Labortätern.

Wie gern im Bereich medizinischen Fortschritts kommen auch hier die ersten Schritte unter Verweis auf medizinische Rettungsmaßnahmen zustande. Es wird nicht gesagt: Wir arbeiten an einem Produkt, bei dem Haar- und Augenfarbe wählbar sind, wo Größe und Locken, breite Schultern und Farbe des Teints zu einem Menschenmix aufbereitet werden. (So selbstverständlich wird das einmal sein wie die Wahl der Autofarbe aus dem Katalog.)

Sind das Phantasien? Apokalyptische Schreckbilder von Kulturpessimisten? Es ist informativ, jemanden zu Wort kommen zu lassen, der nicht als Kritiker, sondern als Praktiker der Reproduktionsmedizin wirkt.

Dr. Wilfried F. betreibt ein »Institut für Endokrinologie der Fortpflanzung und Invitrofertilisation«. Er resümiert: Die künstliche Befruchtung mit dem Gatten- und Spendersamen ist nahezu Routine. Auch das, was als Leihmutterschaft bezeichnet wird, ist allenfalls noch durch rechtliche Probleme – wem gehört das Kind? – behindert. In einigen amerikanischen Bundesstaaten ist Leihmutterschaft gestattet: In Kalifornien hat 1990 ein Richter einer Leihmutter sämtliche Rechte am Kind abgesprochen. Die Leihmutter wollte das Kind behalten, das mit ihr genetisch nicht verwandt ist.

Eingebracht in den Hafen des Machbaren ist auch der Embryotransfer: Eine Frau wird befruchtet, dann wird der Embryo in die Frau, die Mutter werden möchte, übertragen. Auch die Befruchtung im Reagenzglas (»in vitro«) ist – wie bekannt – abgehakt. Samen kann tiefgefroren werden, aber auch die befruchtete Eizelle. Der Embryo kann so lange im Eis bleiben, bis die Frau den Embryo eingepflanzt bekommen will. Oder – wenn sie nicht mehr will oder überzählige Embryonen da sind – sie kann den Embryo einer anderen Frau schenken oder ihn ihr verkaufen. Mit den Embryonen können auch wissenschaftliche – insbesondere pharmakologische – Untersuchungen angestellt werden. Da gibt es wiederum ethische Barrieren. Aber wie lange werden diese moralischen Staudämme dem wachsenden Druck standhalten? Wir könnten bei Krebs und Aids helfen, wenn wir nicht durch unzumutbare Restriktionen gehindert würden ...

Das ist der Stand: Der Embryo ist zum Nomaden geworden. Er läßt sich von dem Platz, an dem er seinen »natürlichen« Ort zu haben schien, ablösen. Er verliert aber nicht nur seine geographische Verankerung, sondern auch seine biologische und soziale »Aufhängung«. Wer ist sein Vater, wer seine Mutter? Ist die Frau, die die Eizelle gespendet hat, die Mutter oder die, die den Embryo ausgetragen hat? Ist der

Samenspender der Vater oder jener Mann, der das Kind großzieht? Und schließlich wird der Embryo auch noch aus dem zeitlichen Rahmen katapultiert. Werden und Vergehen können von der Tiefkühltruhe unterbrochen werden. Im Prinzip kann ein Embryo tausend Jahre aufbewahrt werden. Es ist denkbar, daß Eltern ihr Kind in tausend Jahren zur Welt bringen lassen. Die Erbfolge einer Dynastie kann für Jahrhunderte gesichert werden, indem der Chef des Hauses hundert Söhne in embryonaler Form einlagert und so seinen Söhnen für tausend Jahre die Herrschaft über einen Konzern sichert. Die Unsicherheit besteht nur in der Frage, ob die rechtlichen, ökonomischen und sozialen Verhältnisse so stabil bleiben, wie das erforderlich ist: Die Embryonen müßten in einer Art Fort Knox gelagert werden, in dem die Stromversorgung gesichert ist.

In absehbarer Zeit – so Dr. Wilfried F. (F. wie Frankenstein?) – werden weitere Schritte möglich:

So können zum Beispiel – wenn die rechtlichen Barrieren beseitigt werden – Medikamente und Strahleneffekte an Embryonen getestet werden.

Die Spermien können in männlich und weiblich selektiert werden (und nicht erst die Embryonen). Wer sich einen Samenspender engagiert, der kann dann die Bestellung präzisieren: Ich will einen Jungen! Oder: Ich will ein Mädchen! Bisher muß probiert werden, bis das Gewünschte hergestellt ist.

Die Zellentnahme (»Embryobiopsie«) wird es ermöglichen, Erbkrankheiten zu diagnostizieren und dementsprechend behinderte Embryonen auszusortieren.

Unbefruchtete Eizellen werden bald – wie jetzt schon Samen und Embryonen – tiefgefroren werden. Dann endlich können Samenbanken und Eizellenbanken angelegt werden. Da sage noch einer, diese Möglichkeit, die noch vor aller Gentechnologie liegt, verführe nicht zur Menschenzüchtung! Warum soll nicht diese oder jene Kombination ausprobiert werden?

Es müssen auch nicht – abgestandenen Witzen entsprechend – der Nobelpreisträger oder die Schönheitskönigin sein. Aber wie wäre es mit der gezielten Kombination verschiedener körperlicher Merkmale? Ziel: sportliche Höchstleistungen. Werden besonders kleine und leichte Gestalten gebraucht für die Raumfahrt? Und wenn Melange Mode wird als Hautfarbe?

Zum Klonen – das in der Tierproduktion schon praktiziert wird – sind es nur noch Schritte. Befruchtete Eizellen – Embryonen also – können schon geteilt werden. So können unter dem Mikroskop Mehrlinge hergestellt werden. Das heißt: Solange man es mit Embryonen zu tun hat, solange die Person noch keine Person ist, kann schon vervielfältigt werden. Auch da sind es ethische Barrikaden, keine technischen. Die Mikromanipulation muß nur gestattet werden, dann ließen sich im embryonalen Stadium aus einem Wesen fünf machen.

Noch ein Blick in die Säugetierproduktion, weil da probiert werden kann, was bei Menschen machbar ist – ohne daß jemand dazwischenredet. In der Pferdezucht ist das »Delayed Twinning« schon üblich: Ein Embryo wird nach einigen Zellteilungen in zwei Teile zerlegt. Die eine Hälfte wird in den Mutterleib eingepflanzt. Die andere Hälfte wird tiefgefroren. Zur Welt kommt der erste Embryo, wird getestet, geprüft, ausprobiert. Wann immer gewünscht, kann dann eine biologische Kopie des Erstgeborenen aufgelegt werden. Wer weitblickende Eltern hat, der kann im embryonalen Stadium geteilt werden. Ich könnte dann, wenn ich sechzig werde, eine biologische Kopie von mir austragen lassen, wären meine Eltern schon mit den Möglichkeiten konfrontiert gewesen, die heute da sind. Sie hätten mich teilen und tiefgefrieren lassen können. Der amerikanische Biologe George

Seidel weist in diesem Zusammenhang darauf hin, daß eine Frau ihre eigene Zwillingsschwester austragen könnte – und das ist dann der Anfang einer Klonfamilie.

Und schließlich steht eine weitere Technik vor der Tür: Dazu nehme man ein befruchtetes Ei. Wenn es noch frisch, das heißt im Anfangsstadium ist, dann kann man die Vorkerne austauschen. In diesem Frühstadium sind männlicher Kern aus dem Samenkopf und weiblicher Kern aus der Eizelle noch unterscheidbar. In diesem Vorkern ist jeweils der Chromosomensatz des Vaters bzw. der Mutter enthalten. Das eine ist der Y-Kern, das andere der X-Kern. Nun nehme man den Y-determinierten Kern und ersetze ihn durch einen X-Kern (oder umgekehrt). Auf diese Weise können zwei Frauen miteinander ein Kind bekommen oder zwei Männer. Dieses Kind können sie zu Recht als ihr genetisch eigenes Kind ansehen. Die Männer müßten sich freilich eine Leihmutter nehmen. Die Frauen könnten sich absprechen, wer die Schwangerschaft übernimmt.

War die Ehe nicht bis vor kurzem noch ein von Gott gestifteter Stand mit dem Zwecke der Zeugung von Nachkommen? Religiöse und soziale Vorstellungen vom Wesen der Familie werden durch die Reproduktionsmedizin vom Tisch gewischt. 1991 erzeugt in der britischen Presse die Meldung von der jungfräulichen Schwangerschaft einer 28jährigen Engländerin Aufmerksamkeit. Die Reproduktionsmedizin setzt nicht nur religiöse und soziale Vorstellungen außer Kraft, sondern setzt die Jungfrauengeburt in die Tat um: Der Mensch tritt an die Stelle Gottes. Ein Gott, der Possen reißt, der es darauf anzulegen scheint, dem Menschen jeden Boden unter den Füßen wegzureißen. Die jungfräuliche Mutter lehnte Sexualität mit Männern grundsätzlich ab und ist nach eigenen Angaben auch nicht lesbisch. Nun hat sie sich ihren Kinderwunsch erfüllen können, wobei sie sich sogar die Haar-, Haut- und Augenfarbe des

Samenspenders aussuchen konnte. Die Birminghamer Klinik, die diese künstliche Befruchtung durchführte, bereitet weitere Frauen auf die sexualitätsfreie Befruchtung vor. Konservative Stimmen in Großbritannien empörten sich über diese Form der »unbefleckten Empfängnis«. Die Abgeordnete Ann Winterton warnte vor der Supermarktmentalität der Frauen, die Kinder zu Konsumartikeln degradiere. Ein naiver Einwurf: Wo alles, wo Natur und soziale Beziehungen der Menschen zu Verbrauchsakten geworden sind – warum sollte das Kind die letzte Enklave des Instinktes, des Triebes, der Natur bleiben? Kinder sind Teil einer Biographieplanung geworden. Das sagt uns nicht zuletzt jene – schon erwähnte – Zeitungsanzeige, die darauf hinweist, daß die Ausbildung eines Kindes 100 000 DM kosten wird. Darum baut der kluge Mann oder die kluge Frau vor in Form einer Versicherung. Wer sein Kind ohne Versicherung groß werden läßt, der kann es auch in der Sahara aussetzen. Das Bewußtsein, daß Kinder kostspielige Konsumartikel sind, wächst in dem Augenblick, in dem Kinder Planungsprojekte werden: Künstliche Befruchtung ist teuer. Aussehen und Geschlecht können bestimmt werden – warum sollten sich besonders begehrte Samenspender nicht hoch bezahlen lassen? Bisher ist über die Kinderkostenfrage eher schamhaft geschwiegen worden: Wenn die Natur ruft, dann fragt man nicht nach Geld. Allmählich wächst bei den »Betroffenen« der Verdacht, daß der Ruf der Natur eine zu kostspielige Angelegenheit ist. Da drängt sich eine Kosten-Nutzen-Rechnung auf (Kind oder Cabrio), und man wird sich darüber Gedanken machen, welcher Menschentyp die besten Lebenschancen hat (um nicht von Absatzchancen zu reden).

Die Zahl der Frauen, die sich ein Kind wünscht und Sexualität mit Männern ablehnt, wächst. Das teilt Tara Kaufman, die Sprecherin des British Pregnancy Advisory Service, mit: In der Brüsseler Universitätsklinik sind seit 1982 bereits 28 lesbische Frauen künstlich befruchtet worden.

Männer und Frauen werden sich damit abfinden müssen – und können, wenn sie wollen, auch darüber jubeln –, daß die »reproduktive Freiheit« wächst. Die Jungfrauengeburt ist realisiert. Sogleich folgt auch die Einlösung der biblischen Geschichte von Sarah, Abrahams Weib, die über ihre Unfruchtbarkeit klagt und als Geschenk Gottes im Alter von 80 Jahren Isaak zur Welt bringt. 1991 wird auch die Menopause außer Kraft gesetzt. Mark Sauer von der University of Southern California ist wie Gott zu Sarah gekommen: Sieben Frauen im Alter von 40 und 44 Jahren, die eine verfrühte Menopause aufwiesen, wurden Eier von jüngeren Frauen gespendet. Die gespendeten Eier wurden in der Retorte mit dem Samen der Ehemänner befruchtet. Sechs der sieben Frauen wurden schwanger. Vier brachten per Kaiserschnitt Kinder zur Welt. Eine Schwangerschaft endete durch Fehlgeburt, ein Kind wurde tot geboren. Die Mütter sind mit ihren Kindern nicht verwandt. Die Opfer der Medizin erscheinen auch hier wieder einmal als unvermeidliche Nebenkosten für den Aufbau künftiger besserer Zeiten. Und wer den Bericht über die Durchführung dieses Projektes Sarah liest, der hat den Eindruck, es werde über eine Art menschlichen Raketenstart berichtet: Zur Vorbereitung war der nichtexistente Zyklus der Frauen mit dem der Spenderinnen durch Hormone synchronisiert worden. Hundert Tage lang erhielten die Frauen dann – nach der Implantation – Östrogen-Gestagen-Hormon-Präparate. Wer nicht an einen Raketenstart denken möchte, der kann auch an landwirtschaftliche Produktion denken.

Auch angesichts dieser Medizinmeldungen stockt der Atem, wenn über den sozialen Umsturz nachgedacht wird, der damit verbunden ist. Alles, was die Menschen – seit sie denken können – als naturgegeben begriffen haben, ist hinfällig: Die Biographie der Menschen kann umgestürzt werden. Eine Frau kann sich ihre Eier mit Zwanzig entnehmen und tieffrieren lassen: Der Vorteil ist auch der, daß die Schädigung durch Umweltgifte klein gehalten wird. Und dann ist es möglich, sich Zeit zu lassen. Das Leben zu genießen oder die berufliche Laufbahn zu absolvieren. Dann aber, wenn der Zauber jugendlicher Mobilität und Karriere sich abgenutzt hat, dann könnte um die Fünfzig die Entscheidung fallen, Kinder zu bekommen. Entweder mit dem Mann, der dann Partner ist, oder mit Hilfe eines Samenspenders. (Der Mann wird vernünftigerweise auch seine Zeugungsprodukte mit Zwanzig tiefgefroren haben. Hat er das nicht, dann wird die Entscheidung eher für einen Samenspender fallen, denn das Risiko wäre viel zu groß: Hat der Mann vielleicht im Strahlenlabor gearbeitet? In der Pestizidproduktion? Im mikrobiologischen Labor? Eine normale Biographie schließt so viele Schädigungsmöglichkeiten ein, daß die Beschädigung des Embryos eher wahrscheinlich ist. In den Vereinigten Staaten fand 1991 eine Konferenz von Friedhofsdirektoren statt. Es wurde über die rasant wachsende Problematik berichtet, daß die Verbrennung von Menschen so viele Gifte freisetzt, die im Laufe des Lebens angesammelt wurden, daß die Krematorien allmählich zu einem bedeutenden Umweltschädling werden. Das gibt den Direktoren Anlaß, über andere Formen der Beseitigung von Leichen nachzudenken, aber die Reproduktionsmedizin darf eine verbesserte Geschäftslage erwarten, denn einigermaßen unbelastetes Zeugungsmaterial muß in frühen Lebensjahren sichergestellt werden.

Die Befreiung des Menschen von allen religiösen und sozialen Bindungen: Reproduktionsmedizin setzt sie in die Tat um. Was ist mit der »natürlichen Keimzelle« der Gesellschaft – der Familie –, wenn Frauen mit Frauen, Männer mit Männern vor den Traualtar treten und dann auch noch Kinder bekommen können? Wenn die Jungfrauengeburt vom religiösen Dogma zur Laborrealität wird? Ist das nun der endgültige Durchbruch zur Wahlfreiheit des Menschen, der sein eigener Schöpfer und Planer wird? Sind das Adam und Eva, die den Spieß umkehren und nun Gott aus dem Paradies vertreiben? Stürzt Prometheus die Götter von ihren Tischen?

Die Zukunftspläne der Reproduktionsmedizin gehen noch weiter. Es werden nicht nur Zeugung und Sexualität entkoppelt. Es soll nicht bei der Embryonenherstellung bleiben. Die Mutter-Kind-Dyade soll endgültig physisch entkoppelt werden. Diskutiert wird – so wiederum der zitierte Reproduktionsmediziner Dr. Wilfried F. – die Ektogenesis. Das ist die Schwangerschaft außerhalb des Mutterleibes. Warum sollen wir uns nicht vorstellen können, daß künftig Menschen leben, die traditionelle Schwangerschaft als einen unhygienischen, klaustrophobischen Akt begreifen, und diese tierische Reminiszenz beseitigen? Es lohnt sich darüber nachzudenken, wie kurz die Zwangsunterkunft im Mutterleib heute schon geworden ist. Vom sechsten Monat an gibt es gute Chancen, im Brutkasten zu überleben. Kann die Zeit auf den fünften Monat, auf den vierten zurückverlegt werden? Und wie weit läßt sich die Einpflanzung eines Embryos hinauszögern? Einen Tag? Eine Woche? Einen Monat? Die verbleibende Zeit ist eine Herausforderung zur Überbrückung. Die Karriere eines Jungmediziners wäre gesichert, wenn es gelänge, die Mutterzeit – sagen wir – auf drei Monate zu verkürzen. Und ein Schritt in die entgegengesetzte Richtung wäre auch zu überlegen: Könnten menschliche Embryonen von anderen Lebewesen ausgetragen werden? Wenn Rehe wilde Antilopen austragen, warum können Primaten nicht Menschen austragen?

Und dann eröffnet sich ein weites Wirkungsspektrum aus der Zusammenarbeit von Reproduktionsmedizin und Gentechnologie. Zum Beispiel kann über die Reparatur von Gendefekten durch teilweise Chimärenbildung nachgedacht werden. Was heißt das? Ein genetisch gesundes Paar (!) stellt einen halben Embryo zur Verfügung für ein genetisch krankes Paar, um den Embryo zu ergänzen und den Gendefekt zu reparieren.

Und schließlich: Aus Kulturen von Embryonen könnten Blutstammzellen gezüchtet werden, um Leukämiekranke zu heilen. Auch nach Strahlenunfällen würde aus den Embryonen Hilfe erwachsen. Aidspatienten oder Zuckerkranke könnten ebenfalls aus Embryonenmaterial bedient werden.

Der Mensch ist auf dem Weg dahin, Rohstoff zu werden, ein Produkt. Aber ist das nicht alles nur eine Angelegenheit für Ausnahmefälle? Für die Mehrzahl der Menschen ist das doch alles zu teuer, unzugänglich und vielleicht auch absurd. Das ist wohl wahr: Afrika wird vielleicht das Experimentierfeld für menschenzüchterische Versuche sein. Jedoch: Die kommerzielle Verwertung werden sich nur Amerikaner und Abendländer erlauben können. Aber die Experimente der Menschenzüchter haben Signalwirkung auch da, wo sie quantitativ nicht ins Gewicht fallen. Noch ist das Schlafzimmer zur Produktion von Kindern billiger als das Labor. Aber das kann sich ändern, wenn eine teure Karriere auf dem Spiel steht.

Vor allem aber wird durch die Verrohstoffung des Embryos und durch seine Mobilisierung der letzte Rest Metaphysik liquidiert. Nichts, aber auch gar nichts ist naturgegeben. Die Besessenheit der Reproduktionswissenschaftler ist auch gespeist von der Jagd auf die letzten Nischen des Lebens, in denen noch das Gewordene statt des Gemachten nistet. Solange nicht der letzte Winkel ausgeleuchtet und bearbeitet ist, wird es da keine Ruhe geben. Der Mensch bemächtigt sich seines eigenen Rohstoffes und gibt ihm Form: Gott nahm, wie der Schöpfungsbericht erzählt, einst Lehm, knetete den Menschen und hauchte ihm Atem ein. Die Reproduktionsmedizin nimmt Menschenrohstoff wie Lehm, sie teilt den Rohstoff, kombiniert ihn neu, gefriert ihn, taut ihn wieder auf, pflanzt ihn in beliebige Körper ein. Kann es einen drastischeren Beleg dafür geben, daß wir mit unseren konventionellen Vorstellungen von Natur, Elternschaft und Familie am Ende sind? Es reicht eine Frau, die das Kind anderer Eltern austrägt. Es reicht eine Frau, die – um ihre Berufskarriere nicht zu stören – sich ihren eingefrorenen Embryo mit Fünfzig implantieren läßt. Es reicht ein Männerpaar, das sich seine Kinder manipulieren läßt, um zu wissen, daß nichts mehr gilt, was jahrhundertelang gegolten hat. Schon jetzt kann es ein Kind mit fünf Elternteilen geben, gibt Professor Wolf, Vorsitzender des wissenschaftlichen Beirates der Bundesärztekammer, zu bedenken: zwei genetische Eltern, sie spenden Ei und Samen; eine Leihmutter, die den Embryo austrägt; und dann die sozialen Eltern, die das Kind nach der Geburt zur Adoption erhalten.

Die Menschen haben damit begonnen, neue Natur- und Sozialformen zu kreieren, wenn denn der Begriff Natur da überhaupt noch Sinn macht. Das Motto dieser Kreationen heißt: Nichts muß mehr hingenommen werden, (fast) alles kann gemacht werden. Kinderlosigkeit kann bekämpft, die Menopause übergangen werden. Der männliche Erbe muß nicht erwartet, er kann bestellt werden. Aber es ist die Frage, ob die Kategorie »Familie«, »Dynastie« überhaupt noch eine Rolle spielen wird, wenn die Kinderproduktionsprojekte alltäglicher geworden sind. Noch maskiert sich die Reproduktionsmedizin als familienfreundliche Aktion: »Eltern könnten bald in der Lage sein, totale Familienplanung zu betreiben, von der Kontrolle über die Größe der Familie bis hin zum Geschlecht des Nachwuchses und der Aufeinanderfolge von männlichen und weiblichen Kindern.« So versprechen es die Forscher Rosenzweig und Adelmann.

Elisabeth Beck-Gernsheim berichtet: Der Leiter des Kieler Embryo-Transfer-Teams hat geäußert, es sei problematisch, daß beim Menschen auch minderwertiges Sperma benützt wird. Die Embryobewertung wird immer deutlicher als Idealmethode der Zukunft dargestellt: »Würden nämlich die Qualitätsnormen aus der Rinderproduktion angewandt, würden diese nur von jedem zehnten Mann erfüllt. Schon wird das Tieffrieren von Ei und Sperma oder die Verwendung fremder Eier und fremden Spermas als Hilfe für Frauen und Männer betrachtet, die in Industrien arbeiten, wo hochgradige Belastungen der genetischen Materialien registriert werden. Schon fragen Ehepaare, ob ein anderer Mann als der Ehemann Sperma zur Verfügung stellen könnte, da sie mit dem Aussehen oder der Persönlichkeit des Ehemannes nicht zufrieden sind.«

Zeugung muß nichts mehr zu tun haben mit der Verschmelzung zweier Personen. Sind diejenigen, die »natürlich« gezeugt und geboren sind, anders als die, die in vitro – im Glas – gemacht werden? Was wird das für Folgen haben, wenn der Glasembryo im sechsten Monat dann in einen größeren Glaskasten wandert und dort erneut unter öffentlicher Beobachtung steht? Kann das alles belanglos sein? Oder wird da, wo »Natürlichkeit« konsequent zurückgedrängt wird, endlich jener Kunstmensch entstehen, der den Bedingungen einer postmodernen Welt angepaßt ist? Besser angepaßt als das Kind, das in einer afrikanischen Hütte gezeugt, ausgetragen und irgendwo in der Savanne auf dem Lehmboden zur Welt kommt? Sind diese Wesen gleich in ihren Ausgangsvoraussetzungen?

Solange sich dieses alles in einer eher behäbigen, spätmodernen Demokratie abspielt, mag die Mobilisierung und Modellierung der Embryonen noch zuerst eine wissenschaftliche Spielerei sein. Aber die Medizinmandarine und die Wissenschaftsschamanen halten ja schon die rote Karte für die Erbkrankheiten in die Höhe. Wenn davon eine postparlamentarische Wissenschaftsgesellschaft Gebrauch macht ...

Und damit ist die Tür geöffnet zu eugenischen Maßnahmen, die in ihren Möglichkeiten den Nationalsozialismus überbieten. Behinderte töten, das ist – darüber herrscht dann Einverständnis – grauenvoll, unmenschlich. Aber sie bei der Modellierung der Embryonenrohstoffmasse vermeiden, das ist – wer wollte da widersprechen – Vermeidung von Leid.

Selbstverständlich kann nicht gehalten werden, was da versprochen wird. Während einige Erbkrankheiten ausgemerzt werden, produzieren die Medizin und die pharmazeutische Industrie ihre Krüppel klafterweise. Während die mongoloiden Embryonen weggemacht werden, sind die Conterganknder erwachsen geworden.

Aber was wird aus den eugenischen Maßnahmen, wenn sie in die Hände von Gesellschaftsmachern geraten, die ein brennendes Interesse an Menschenzüchtung haben? Die Ordensburgen und Menschenzuchtstätten der SS werden kaum wiedererstehen. Nicht nationalsozialistische Volkshygienephantasien werden ausgebrütet. Aber wozu wird ein radikales systemtheoretisches Denken die Hand hergeben? Wie sollte ein geradezu religiös aufgeladener Machbarkeitsfanatismus dagegen gefeit sein, Verbesserungsideen in die Tat umzusetzen? Gehört zur Differenzierungssehnsucht der Organismen nicht, daß Fehler bei der Produktion des Lebens vermieden werden? Streben die Systeme und Organismen nicht – so lehrt die Systemtheorie doch wohl – nach Optimierung? Ist ein Systemtheoretiker dagegen gefeit zu sagen: Wenn ich mich aus der Samenbank und Eizellenbank so bediene, daß besser adaptierte Systeme – pardon: Embryonen – entstehen, wieso sollte ich das eigentlich nicht tun? Wer will denn da mit welcher Naturordnung oder welcher Moral kommen? Wenn die Idee des differenzierten, des komplexen Systems den Leitstern wissenschaftlicher Arbeit darstellt, warum sollte dann jemand bei der Produktion von Menschen auf eine minder günstige Konstellation zurückfallen?

# Haruspex und HUGO

## Gene: das Gold der Postmoderne

Haruspex ist ein etruskischer Seher: Er weissagt aus den Eingeweiden von Tieren. Die Leber wurde dem geschlachteten Tier entrissen. In diesem blutigen Stück Fleisch »las« der Haruspex. Die Leber galt als ein Mikrokosmos. In ihr – so meinte man – bildet sich das Weltgeschehen ab. Wie durch ein Brennglas gebündelt spiegelt sich in der Leber der Zustand der Welt wider. Die Haruspices, die Seher, wußten, wie die Wunderzeichen zu deuten waren, und sie wußten, wie die Welt in Ordnung zu bringen war. Römische Feldherren und Provinzgouverneure pflegten solche Eingeweideexperten mit sich zu nehmen.

Aufgeklärte Gemüter sahen in den Fleischbeschauern allerdings Scharlatane. Cato zum Beispiel wunderte sich, daß Haruspices einander begegnen konnten, ohne zu lachen. Gegen Ende der römischen Republik gingen die Haruspices den Weg aller Experten. Sie waren da in einem Kollegium von sechzig Fachleuten zusammengefaßt, einer Art Sachverständigenrat für Zukunftsfragen. Aber vermutlich hat sie zu der Zeit keiner mehr ernst genommen. Sie werden verbeamtet gewesen sein. Sie werden von Zeit zu Zeit ein Memorandum veröffentlicht haben. Sie werden sich zu Arbeitsessen getroffen haben und sich an der blutigen Leber die Hände nicht mehr schmutzig gemacht haben.

Gerade erleben wir, wie die Haruspices aus der Versenkung auftauchen: Wiedergänger im weißen Kittel. Sie tragen nicht die bunten Gewänder und Federkronen von Schamanen. Ihr Arbeitsplatz ist nicht der Altar, sondern das Laboratorium. Der postmoderne Haruspex liest nicht in der blutigen Leber, sondern betreibt »Genomanalyse«. Tausende von Molekularschamanen glotzen durch ihre Apparate auf die Gene, die den Erbapparat des Menschen ausmachen. Sie versprechen nicht mehr und nicht weniger als die Haruspices: Sie behaupten, sie könnten, wenn sie nur genug Geld bekämen, das Schicksal der Individuen enthüllen (seine Anlagen, seine Lebenserwartung) und es neu ordnen (das Aussehen bestimmen, Erbkrankheiten reparieren).

Das Wissenschaftsmagazin »Science« bietet nackte Tatsachen. The Human Genome Map 1990 – ein naturwissenschaftliches Pin-up. Gekennzeichnet sind die bisher analysierten Chromosomenabschnitte und DNS-Sequenzen – DNS ist die Kurzform für Desoxyribonukleinsäure –, der Standort einzelner Gene und die mit ihnen assoziierten Krankheiten sind markiert. Daniel Koshland, der Herausgeber von »Science«, kommt zur Sache. Bald werden – so verkündet er – Kriminalität, Suchtneigung, Krebsrisiko usw. prognostizierbar sein. Bisher habe die Gesellschaft auf die Kindheit des Täters geschaut, habe die Kindheit analysiert. Ein veraltetes Konzept. Jetzt aber ist es Zeit für die Welt, zu erkennen, daß das Gehirn ein Organ wie andere Organe ist. Es kann fehlfunktionieren. Nicht nur weil es mißbraucht wird, sondern auch weil es vererbbare Defekte aufweist, die mit Umwelteinflüssen nicht das geringste zu tun haben. Mit Hilfe der Genomanalyse will Koshland jene identifizieren, die ernsthaft krank sind und nicht nur harmlose Abweichungen von der gesellschaftlichen Norm darstellen. Schluß mit der Symptomkuriererei durch Therapeuten. Statt dessen chirurgische Eingriffe ins Erbgut.

Wahrscheinlich würde Cato sich heute fragen, warum zwei Genomanalytiker sich begegnen können, ohne zu lachen. Von einer detaillierten Genkartographie des Menschen sind die Genforscher noch weit entfernt. Aber es ist wie bei manchen Großprojekten: Um Geld zu bekommen, muß viel versprochen werden. SDI (»Krieg der Sterne«) versprach, jeden Raketenangriff im Vorfeld abzuschmettern. Gigantische Geldmengen wurden mit dem Versprechen losgeeist. So ähnlich ist es mit dem Genomprojekt. Das Versprechen, man werde die Kriminalität und die Drogenabhängigkeit mikrochirurgisch beseitigen können, muß jeden amerikanischen Politiker aufhorchen lassen: Wenn das eingelöst werden kann, dann werden wir die Meßtischblätter vom Menschen sofort finanzieren. Wer diese beiden sozialen Probleme in biologische umformulieren kann, der kann über unbeschränkte Geldmittel verfügen. Abertausenden von Molekularbiologen wird das Projekt Arbeit und Karriere bescheren. Irgendwann wird sich herausstellen, daß es so einfach mit der Kriminalität und den Drogen nicht ist, daß es mit der chirurgischen Resozialisierung nicht so klappt – aber dann ist der gigantische Apparat in Gang gebracht. Daß die Kernspaltung als Weg zur Energiegewinnung nicht nur zu gefährlich, sondern vor allem auch zu teuer war, wird heute deutlich. Aber der Ausstieg aus einem solchen Riesenapparat ist schwer. So ähnlich wird es mit der Genomanalyse sein: Wenn der Apparat erst einmal in Gang gesetzt ist, dann ist es eine Herkulesarbeit, ihn wieder zu stoppen.

Es dürfte uns mit den Gentechnologen gehen wie den Römern mit den Leberexperten. Soll man ihren Zukunftsprophezeiungen glauben?

Ob sie halten können, was sie versprechen, sei dahingestellt. Aber was sie versprechen, das ist eigentlich die Abschaffung der abendländischen Freiheitsidee. Das 20. Jahrhundert ist der Höhepunkt jener Emanzipationsgeschichte, in der behauptet wird, daß der Mensch frei sei von allen religiösen und sozialen Bevormundungen. Keine Götter, keine Geschichtsgesetze: Das Pathos der Humanwissenschaften des 20. Jahrhunderts speiste sich aus der Überzeugung, daß der Mensch frei sei. Seines eigenen Glückes Schmied. Und jetzt wird das zurückgenommen und überboten: Der Mensch sei ein genetisch programmiertes Wesen. Aber er habe die Freiheit, sich selber neu zu konstruieren. Die Gengläubigen beseitigen die Freiheitsgeschichte des Abendlandes, und sie vollenden sie, indem sie behaupten, daß der Mensch die Freiheit und Kompetenz besitze, sich zu optimieren, sich selbst zu machen.

## Was kann die Gentechnologie, was wird sie können?

In den Sozialwissenschaften kann man vorderhand noch eine deutliche Abwehrreaktion beim Thema Gentechnologie spüren. Wird da ein neues Katastrophenszenario aufgelegt, nachdem die Raketendrohung vom Tisch ist? Wird das Thema von den Ewigängstlichen besetzt, die sich in eine heile Steinzeitwelt träumen, statt die Herausforderungen der Postmoderne anzunehmen? Sind Fortschrittsgläubigkeit und Apokalyptik nicht beide in gleicher Weise aus der Mode gekommen? Gibt's die Gene überhaupt, oder ist das eine wissenschaftliche und medizinische Mode, die vorübergeht wie die Windpocken? Muß nicht aus sozialwissenschaftlicher Sicht strikt die neobiologistische Denkweise zurückgewiesen werden? Rettet die Kulturthese, die geistige Errungenschaft, daß es keinen Stand gibt, in den jemand hineingeboren wird, und keine genetische Festlegung, die das Gleichheitsrecht außer Kraft setzt! Die Gesellschaft und nicht die Natur formt den Menschen. Gehört es nicht zu den wichtigsten Traditionen der Moderne, den Blick auf das zu lenken, was Kultur ist, statt das herauszustreichen, was Natur ist? Wenn sich die Genfraktion durchsetzt, wenn die Biologie über die Soziologie die Oberhand gewinnt, dann können die Sozialwissenschaften und ihre Praktiker (Sozialarbeiter, Therapeuten etc.) abdanken.

Die Soziologie war im 19. Jahrhundert mit dem Anspruch aufgetreten, die Theologie als Mutter der Wissenschaften abzulösen. Wenn die Gentheorie sich durchsetzt, dann liegt die Interpretationszukunft bei der Mikrobiologie: Sie wird dann gesellschaftliche Phänomene erklären. Sie wird den Einfluß sozialer Komponenten sehr gering ansetzen und eine Gesellschaft anvisieren, in der defekte Gene präventiv repariert werden und die genetisch angelegte Ungleichheit ihren Niederschlag findet, indem Menschen ihren genetischen Bedingungen entsprechend in Funktionen eingewiesen werden.

Ob die Gentechnologie einlösen kann, was sie verspricht (Gendiagnose und Genreparatur), das ist noch unklar. Aber sie hat die Chance, begierig aufgegriffen zu werden von denen, die soziale Erklärungen satt haben. Die eine Sozialwissenschaft satt haben, die zwar an die Stelle der Theologie treten wollte, aber nie geleistet hat, was sie versprach: Welterklärung. Sie bietet kaum Rezepte zur Erklärung oder Abschaffung zentraler Konflikte der modernen Gesellschaften: Gewalt und Drogensucht. Als Sinnstifter hat sie auch versagt – also: Macht Schluß mit diesem wissenschaftlichen Flop. Laßt uns nach dem mikrobiologischen Deutungsmuster greifen!

Noch einmal: Was kann sie denn wirklich, die Gentechnologie? Die harten Fakten entnimmt man am besten gesetzlichen Regelungen. Wenn sich das deutsche Parlament genötigt sieht, ein Gesetz zu verabschieden, das Brauch und Mißbrauch regelt, dann dürfte das bedeuten: Da ist etwas heißgelaufen. 1990 hat der Bundestag ein Embryonenschutzgesetz verabschiedet. Kein anderes Land der Welt habe – so der CDU-Abgeordnete Seesing – ein Gesetz, »das einen ähnlich strengen Schutz des Menschen geregelt hat«. Angesichts des wissenschaftlichen Fortschritts sei es höchste Zeit für eine gesetzliche Regelung – so Seesing. Interessant ist, was das Gesetz verbietet. Wenn da etwas verboten wird, kann das doch wohl nur heißen: Es ist möglich. Vielleicht nicht jetzt, aber irgendwann.

Unter Strafandrohung von bis zu fünf Jahren Haft oder Geldstrafen verbietet das Gesetz

- den Gentransfer in menschliche Keimbahnen;
- die Verwendung menschlicher Embryonen ausschließlich zu Forschungszwecken;
- das Klonen von genetisch identischen Menschen;
- die Züchtung von Wesen aus Mensch und Tier (Chimären).

Die künstliche Befruchtung innerhalb der Ehe – auch durch Samenspende von dritter Seite – ist erlaubt. Sie ist nicht erlaubt in wilden Ehen (»in auf Dauer angelegten Partnerschaften«); die SPD hätte das gern gesehen. Auch Leihmutterschaft ist verboten. (In den USA ist sie in einigen Staaten erlaubt.) Die Wahl des Geschlechtes des Kindes wurde nicht untersagt, da nur so bestimmte Erbkrankheiten vermieden werden können. Die Ausnahmeregelungen, die das Gesetz zuläßt, eröffnen nach Auffassung von Hertha Däubler-Gmelin (Abgeordnete der SPD) eine »Grauzone der Forschung«: Von einem Einstieg in die Eugenik ist die Rede.

In diesem Gesetz gehen die Interessen der Reproduktionsmedizin und die Vorstöße der Gentechnologie durcheinander. Die beiden Arbeitsbereiche werden aber – insofern ist das Gesetz ganz realistisch – ohnehin ineinanderwachsen.

Auffallend ist der hilflose Versuch, die Familie zu retten, indem künstliche Befruchtung nur gestattet sein soll, nachdem zwei Menschen das Standesamt aufgesucht haben. Aber was für eine Familie ist das, in der das Kind von einem Anonymus stammt, im Reagenzglas gezeugt wurde, und wo der Mediziner nach Embryonenbewertung einen Jungen oder ein Mädchen heraussucht? Das ist doch wohl eher die Kombination von sozialen Faustkeil»familien« – mit den Anfängen einer laborgesteuerten Menschenzüchtung.

Interessant aber sind die Verbote: Der Gentransfer in die menschliche Keimbahn ist untersagt. Bei Tieren wird das schon praktiziert: Das transgene Schwein (mit menschlichen Hormonen in der Keimbahn) kann auf seinen wackligen Beinen zwar nicht stehen, lebt aber und symbolisiert den mikrobiologischen Fortschritt. Die Umformung des menschlichen Rohstoffes zu neugestalteten, die Naturgegebenheiten überschreitenden Wesen ist verboten – aber unfraglich möglich.

Eng hängt damit zusammen, daß den Wissenschaftlern der direkte lüsterne Blick auf den menschlichen Rohstoff verboten wird: Embryonen dürfen nicht zur Testung oder Herstellung von Medikamenten benutzt werden. Und siehe da, schließlich sieht sich das Parlament – angesichts der wissenschaftlichen Fortschritte? – auch noch genötigt, die Herstellung von Menschenkopien zu verbieten und die Herstellung von Chimären zu untersagen, auch wenn die Mikrobiologen noch gar nicht in der Lage sind, eine Chimäre aus Mensch und Affe herzustellen.

»Was verboten ist, das macht uns gerade scharf.« Wenn Deutschland so restriktiv ist, dann gehen wir eben nach Italien oder in den Senegal. Kuba hat sich bereits als Land präsentiert, das auf dem Gebiet der Gentechnologie der Wissenschaft sowenig Zügel wie möglich anlegen wird. Wer ernstlich glaubt, Wissenschaftler ließen sich durch nationale Verbote daran hindern, Neuland zu betreten, muß sehr naiv sein. Ein Blick in die Wissenschaftsgeschichte kann einen da eines Besseren belehren. Wenn das Klonen von Menschen möglich ist, dann wird sich jemand finden, der es macht. Auf der Embryonenebene ist das bei Säugetieren schon möglich. Warum sollte es bei Menschen unmöglich sein? »Wenn jemand geklont werden will, sollte er ein Recht darauf haben, genau wie jeder jetzt schon ein Recht hat, künstlich befruchtet zu werden«, sagt Dr. Shettles. Der Mann ist amerikanischer Reproduktionsmediziner, und er sagt, was wohl stimmt: »Wenn das Klonen erst einmal möglich ist, wird es auch akzeptiert werden.« Und er meint natürlich nicht das Klonen auf der Ebene »Embryo«, sondern die Herstellung von Menschenkopien aus dem lebenden Material eines ausgewachsenen Menschen. Embryonenzellen sind »omnipotent«, sie sind noch nicht spezialisiert. Beim erwachsenen Menschen sind zwar alle Zellen – ob nun Herz- oder Leberzelle – mit identischer DNS-Struktur ausgestattet. Die meisten Abschnitte sind aber blockiert, sind an ihrer Programmausführung gehindert. So wird die Spezialisierung der unterschiedlichen Körperzellen trotz identischer DNS-Struktur erklärt. (Eine andere Überlegung besagt, daß sich die Zelle dem Feld entsprechend, in dem sie sich befindet, entwickelt.) »Könnte man nun ... eine spezialisierte Erwachsenenzelle, gleich ob es nun eine Fingernagel- oder eine Leberzelle ist, mit gentechnologischen Mitteln ›entblockieren‹ und hierdurch den gesamten Informationsbestand der DNA ›anschalten‹, so wäre dies der direkte Weg zur beliebigen Klonierung eines jeden Individuums« (Kluge). Auch wenn dies vorerst Phantasie bleibt: Der Gedanke, den Menschen aus seinen Minieinzelteilen zu vervielfältigen, ist ein Angriff auf das Subjekt, auf die Einzigartigkeit des Individuums.

Und wenn die Kreuzung von Mensch und Tier möglich ist, dann wird sie auch stattfinden. Lächerliche Phantasien? Sicher, es wird uns nicht morgen King-Kong im grauen Flanell begegnen. Die Mikrobiologie heißt Mikrobiologie, weil sie klein anfängt. Sie klont nicht Marilyn Monroe, sondern klont unter dem Mikroskop im Embryo. In der Tierproduktion ist die Herstellung von Chimären nicht verboten, und so werden wir den Zuwachs an mikrobiologischer Kompetenz zuerst dort erleben, weil es sich dort auch am ehesten rentiert: Die heruntergekommenen Haustiere mit Verwandten aus der Wildnis zu verschmelzen – das verspricht Ertragssteigerungen und ist eine Parallele zu dem, was bei Pflanzen ohnehin schon stattfindet.

Das Gesetz hat schon jetzt Löcher. Und wenn die Generation der Politiker abgetreten sein wird, die noch – und sei es nur theoretisch – am Bild der christlichen Familie orientiert ist, dann wird man sich – schon um der internationalen Konkurrenz willen – gezwungen sehen, zurückzustecken. Mikrobiologie ist die Zukunftstechnologie, da wird sich der Industriegigant Deutschland wohl nicht raushalten und das Risiko eingehen, auf seinen Transportvehikeln, die einmal seinen Reichtum ausgemacht haben, sitzenzubleiben. Stehen im Stau auf der Autobahn, während andere ihre Minivehikel in die Keimbahnen schleusen und da eine Beschleunigung des Lebens ermöglichen, die den zukünftigen Reichtum der Nationen ausmachen werden?

Man kann sie ja auch schon hören, die Forscher, die die Löcher im Embryonenschutzgesetz vergrößern möchten. Erwin Deutsch ist Medizinrechtler in Göttingen. Er ist der Vorsitzende der Arbeitsgruppe der Europäischen Gemeinschaft »Genomanalyse«. Der Forschungsdrang der Gentechnologie, sagt er, ist sowieso durch Gesetze nur am Rande aufzuhalten. »Die Forschung hat sich immer durchgesetzt.« Recht hat er. Zwar sähe er die Möglichkeit, daß die Erkenntnisse der Gentechnologie in Diktaturen mißbraucht würden. »Aber man kann deswegen den Fortschritt nicht generell stoppen«, wie das in Deutschland derzeit versucht werde. Die Arbeitsgruppe berät die zwölf Länder

der EG bei dem jungen Human Genome Project. Die Arbeitsgruppe hat den offiziellen Namen »Ethische, soziale und rechtliche Aspekte der menschlichen Genomanalyse«.

Ist hier der Bock zum Gärtner gemacht? Oder riskiert da jemand den Durchstoß in neue Räume, die die Zauderer nicht zu betreten wagen – die Politiker, die Kulturwissenschaftler, die Theologen und andere Rückständige?

Die Genomanalyse werde nicht nur die DNS, sondern auch ein Stück der Person entschlüsseln, heißt es weiter. Und damit verbindet der Wissenschaftler Deutsch mehr Hoffnung als Zweifel. »Entschlüsseln«, das heißt hier doch wohl, der Person den Schlüssel wegnehmen, mit der sie sich bisher gegen den Zutritt in ihr Innerstes verwahren konnte. Erwin Deutsch und Co. wollen sich Zutritt verschaffen zur bisher verschlossenen Person. Wie das auch Freud wollte, aber zu seinem Vorhaben konnte man immerhin noch nein sagen. Die von Deutsch betriebene Entschlüsselung erlaubt es den Wissenschaftlern, sich mit dem mikrobiologischen Gerichtsvollzieher zwangsweise Eintritt zu verschaffen. Wie Erwin Deutsch die Schlüsselgewalt versteht – Jesus hatte die Schlüsselgewalt einmal an Petrus übergeben –, das sagt er auch gleich: Schon heute werde die Genomanalyse zur Identifizierung von Straftätern und in Vaterschaftsprozessen eingesetzt. Das sind dann eben zwangsweise Entschlüsselungen. Selbst der Folter durch die Inquisition konnte der Delinquent noch ein Nein entgegenschleudern. Die Genomanalyse verzichtet auf die Daumenschraube, um den Straftäter zu entlarven, auch das Streckbett braucht die moderne Wissenschaft nicht. Sie braucht nur ein paar Zellen und ein Mikroskop und ein Labor, und die Grenzen der Person sind eingerissen. Was Erwin Deutsch sagt, wird man sich besser merken müssen als die Reden des Bundeskanzlers. Da wird Zukunft gemacht.

Nach der Peitsche kommt das Zuckerbrot. Viele Krankheiten beruhen, so Deutsch, auf Veranlagung. »Es ist doch gut, den Leuten zu sagen: Sie dürfen sich nicht der Sonne aussetzen, weil sie eine Neigung zu Hautkrebs haben.« Aber Erwin Deutsch ist schließlich Vorsitzender einer Ethikkommission, und so fährt er fort: Generelle Gentests bei der Einstellung von Arbeitnehmern »wollen wir nach Möglichkeit verbieten. Ein Teil der Bevölkerung würde strukturell arbeitslos.« Allerdings könne kaum verhindert werden, daß solche Bewerber bevorzugt eingestellt würden, die sich freiwillig dem Gentest unterziehen.

Mikrobiologie zieht nahezu täglich weiter in unseren Alltag ein, und die Bereitschaft, diesen Tatbestand zu akzeptieren, wächst offenbar bei der Bevölkerung. Industrie und Forschung führen beredt Klage über die Ablehnung ihrer Arbeiten – vor allem unter Hinweis auf andere Länder: Dort sei die Einstellung der Bevölkerung zur Erbgutmanipulation positiver.

Deutsche und Dänen trauen der Gentechnik am meisten, Portugiesen am wenigsten. Das ist Ergebnis einer Erhebung der EG-Kommission, die zweimal jährlich ein sogenanntes Europabarometer erstellen läßt. Die Hälfte der Europäer akzeptiert gentechnische Forschungen an Pflanzen und Mikroorganismen. Bei der Arbeit mit transgenen Tieren ist die Skepsis größer. Da stimmen nur noch 23 Prozent zu.

Fast alle Befragten sind der Meinung, daß medizinische oder umweltrelevante Anwendungen der Gentechnologie wünschenswert sind. Es finden sich Vorbehalte gegenüber der Verwendung der Gentechnologie in der Lebensmittelherstellung. 34 Prozent äußerten sich zu diesem Anwendungsbereich skeptisch.

## Aufregung um ein paar Petunien?

Das Kölner Petunienexperiment war die erste genehmigte Freisetzung genetisch manipulierter Pflanzen in der Bundesrepublik. Im Mai 1990 hatten Wissenschaftler vom Kölner Max-Planck-Institut für Züchtungsforschung auf einem Acker des Institutsgeländes 30 000 transgene Petunien ausgepflanzt. Diesen Petunien war ein artfremdes Mais-Gen implantiert worden, das aus weißen Petunien rosafarbene machen sollte. Das Experiment, bei dem man sogenannten springenden Genen auf die Spur kommen wollte, mißlang. Ist das nicht ein Beleg für grüne Hysterie?

Ist nicht überhaupt der Vergleich, den Gena Chorea zieht, übertrieben? Sie behauptet, in der Gentechnologie bahne sich ein Projekt an, das in Kosten und Wirkung dem Bau der Atombombe gleichkomme. Als es damals unter dem Namen Manhattan-Projekt organisiert wurde, da war das Unternehmen begleitet von großen Versprechungen einerseits und lächerlichen Pannen andererseits. In den Werkstätten der deutschen Forschung zum Bau der Atombombe am Ende des Zweiten Weltkrieges, da sah es eher aus wie in einer banalen Fabrikhalle. Die Eifersüchteleien und Pannen schienen den Skeptikern gegenüber dieser letzten Drohgebärde Nazi-Deutschlands recht zu geben. Aber dann kamen die Tage von Hiroshima und Nagasaki.

Die Erfolge der Gentechnologie sind bisher gegenüber dem, was ihre Protagonisten versprechen, eher bescheiden. Aber gerade in der Gentechnologie trifft zu, was schon für die Atombombenbastler galt. Die Anfänge sehen unscheinbar aus, sind geradezu unsichtbar. Und noch eins ist für das Projekt Gentechnologie kennzeichnend: die eigentümliche Kombination aus wissenschaftlicher Kompetenz und weltanschaulicher Dummheit. Bei der Atombombe verknüpften sich die Planungen mit den Träumen vom Endsieg Hitler-

Deutschlands und später in den USA mit den Vorstellungen vom Endsieg über das Böse. Bei der Gentechnologie kann beobachtet werden, wie ihre Erfinder und Betreiber auf höchst naive Weise eugenische Phantasien und Weltoptimierungspläne entwickeln, die sich – würden sie realisiert – von Orwells Horrorszenario nicht weit unterscheiden. Aber betrachten wir erst einmal die schönen kleinen und scheinbar harmlosen Veränderungen.

## Blumen wie Barbie-Puppen

Der Ärger mit Chrysanthemen besteht darin, daß sie nie richtig weiß sind, ein kleiner rosa Schimmer schleicht sich immer wieder in die Blütenblätter ein. Das niederländische Bio-Tech-Unternehmen Florigene ist dem Problem zu Leibe gerückt. Mit Unterstützung der niederländischen Regierung hat Florigene begonnen, Genexperimente mit farbveränderten Blumen zu betreiben. Die rosa Farbe wird mikrobiologisch mit Antisense-RNA blockiert. Im Treibhaus ausprobiert, folgt dann der Großversuch im klimatisch geeigneten Oakland, USA. Dort wird die Firma DNA Plant Technology die Chrysanthemen ins Freie bringen. Schon 1992 soll dann die reinweiße Chrysantheme unter dem Namen Moneymaker verkauft werden. Die Abnehmer in Europa wünschen Blumen wie Barbie-Puppen. Langer Stiel, glänzende Blätter, gleiches Aussehen.

Vom Versuch des Kölner Max-Planck-Institutes, aus weißen Petunien rosafarbene zu machen, war schon die Rede. Es besteht, so wird gesagt, große Nachfrage nach neuen Blütenfarben. Die Firmen Calgene und Suntory (ein japanischer Nahrungsmittelgigant) suchen nach dem blauen Gen für rote Rosen.

Florigene, die Firma mit den weißen Chrysanthemen, hat

sich in Rijnsburg bei Leiden niedergelassen. Die Niederlande sind im internationalen Blumenhandel ein Riese: 83 Prozent der Schnittblumen, die 1989 in die Bundesrepublik importiert wurden, kommen aus den Niederlanden. Florigene stellt der Blumenindustrie gentechnische Veränderungen von Blütenfarben zur Verfügung, nicht nur bei Chrysanthemen, sondern auch bei Nelken, Rosen, Gerbera und Lilien. Zugleich fügt es Resistenzen gegenüber Krankheiten und Insekten in die Pflanzen ein. Begonnen hat die Arbeit an der Konstruktion neuer Pflanzenkombinationen. Da war man bisher auf die noch eher zufällig wirkende Bestrahlung der Stecklinge mit radioaktivem Material angewiesen. »Eine perfekte Sorte« verspricht Florigene in seiner Eigenwerbung mit Hilfe der Gentechnologie. Ute Sprenger hat diese Fakten eruiert, und seitdem geht man mit einem anderen Blick in den grünen Laden. Die Bonbonläden mit ihren grellen Synthetikfarben in den Bahnhöfen sind weniger verlogen als die Blumenläden, die sich als Naturniederlassungen darstellen, während sie doch längst Laborprodukte präsentieren, deren Ziel es offenbar ist, einem Werbespot zu ähneln, nicht der schon längst pensionierten Mutter Natur.

## Viren als Biowaffe im Kohlfeld

DDT ist verpönt. Biologische Bekämpfung der Schädlinge – das klingt grün und umweltfreundlich. Aber Biopestizide, die jetzt entwickelt werden, um sie auf das Kohlfeld zu sprayen, die könnten sich bald als gefährlicher erweisen, als DDT es war.

Von der Universität Athens im US-Staat Georgia kommt die Nachricht, daß Michael Tomalski und Louis Miller ein Biopestizid entwickelt haben, das sich die Gentechnologie zunutze macht. Lorna Steward aus Oxford arbeitet an einem ähnlichen Projekt. Die einen nehmen eine Milbe, die anderen einen Skorpion als Giftlieferanten. Der Vorgang in Kurzform: Die Forscher entnehmen der Erbmasse des Skorpions oder der Milbe das Giftgen. Mit seinem Gift paralysiert und tötet der afrikanische Skorpion Androktonus australis seine Opfer. Dieses Giftgen wird in das Erbgut eines Baculovirus genannten Wesens eingesetzt. Die nun wiederum infizieren die Insektenlarven, die man aus dem Wege haben möchte. Die von dem Baculovirus befallenen Zellen der Larven stellen »auf Befehl des Virus« das Skorpiongift her. Die Larve lähmt sich dadurch selbst und stirbt alsbald. Das »alsbald« ist bisher noch das Hauptproblem mit diesem Biopestizid. Es dauert zu lange, bis die Viren ihr Werk vollbringen. Aber die Arbeiten zur beschleunigten Abwicklung des Virusbefehles sind im Gange.

Was passiert, wenn die genetisch veränderten Baculoviren im freien Feld ihre Arbeit beginnen, steht noch dahin. Können die Baculoviren auch auf andere Tiere oder sogar auf den Menschen übergehen, oder könnten die eingepflanzten Gene aus den Baculoviren entkommen und auf dem Wege des horizontalen Gentransfers in das Erbgut anderer Lebewesen eindringen? Die Auseinandersetzung mit der Mikrobiologie konzentriert sich auf Gefahren, die aus schieflaufenden Experimenten entstehen können. Auf manipulierte Lebewesen, die, wie einst die Pest, zur Katastrophe werden. Das ist aber ein Nebenkriegsschauplatz. Welche Veränderungen hat die Mikrobiologie zur Folge, wenn sie erfolgreich ist? Wenn sie in die Tat umsetzt, was sie verspricht?

## Die Maus, die zum Mäuserich wurde

Britischen Wissenschaftlern gelang 1991 ein weiterer Schritt: Peter Goodfellows vom Londoner Krebsinstitut und Robin

Lovell-Badges vom National Institute of Medical Research haben bei Mäusen das geschlechtsbestimmende Gen isoliert. Dadurch wurde es möglich, weibliche Mäuseembryos in männliche umzuwandeln. Die Mäuse sind in Aussehen und Verhalten männlich, wenn auch steril. Ein Teil des Y-Chromosoms, das nur bei männlichen Säugetieren vorkommt, wurde isoliert und in Mäuseembryos implantiert.

Schweinezüchter meldeten umgehend ihr Interesse an, denn männliche Tiere wachsen schneller als weibliche. Für die Rinderzucht sei die Umkehrung interessant, weil dort vorwiegend weibliche Tiere bevorzugt würden, konnte man hören. Die Isolierung des entsprechenden menschlichen Gens ist bereits gelungen. Die beteiligten Wissenschaftler haben aber davor gewarnt, das Experiment an Menschen zu wiederholen, das sei »unmoralisch und unpraktisch«. Schließlich seien die gewandelten Wesen steril. Wenn das die einzige Bremse ist . . . Frage: Dürften nach dieser Meldung in Europa etwa nicht zahllose Wissenschaftler danach fiebern, das Experiment an Menschen zu wiederholen?

Seit einiger Zeit wird eine heftige juristische Debatte um die Frage geführt, ob Tiere, die gentechnologisch umkonstruiert worden sind, patentierbar sind. Das europäische Patentamt scheint 1991 zu der Meinung gekommen zu sein, daß es eine Patentmaus geben soll. Es handelt sich bei dieser Maus um ein Tier, dem zum Zwecke der Pharmaforschung menschliche Krebsgene eingeschleust worden sind. Diese transgene Maus ist besonders anfällig für einige Krebsarten. Das macht sie forschungsfreundlich. Die Erfinder dieser Maus wollen ein Patent. Bei Pflanzen sind Patente schon gängig.

In den USA entschied 1987 das Patentamt, eine bestimmte Austernzüchtung sei ein patentfähiger Gegenstand. Es seien – so die Begründung – in der Natur nicht vorkommende Erzeugnisse. Donald J. Quigs, Vertreter des Präsidenten des nordamerikanischen Patentamtes, erklärte vier Tage später: In der Natur nicht vorkommende mehrzellige lebende Organismen – einschließlich Tiere – seinen patentfähig. Menschen – so fügte er hinzu – kämen für den Patentschutz nicht in Frage, da die Gewährung von Eigentumsrechten an Menschen verfassungswidrig sei. Der Vorgang löste heftige Diskussionen aus. 1988 wurde ein Gesetz im US-Repräsentantenhaus angenommen. Das »Transgenic Animal Patent Reform Act« konzentriert sich auf die Frage, wie Bauern mit den transgenen Nutztieren verfahren dürfen. Sie begehen keine Patentverletzung, wenn sie ein solches Nutztier durch Nachzucht vermehren. Strafbar aber macht sich, wer Keimzellen, Samenzellen oder Embryonen solcher Patenttiere verkauft.

Um das Patent zu dokumentieren, wird biologisches Material beim Amt hinterlegt. Und noch einmal klopft – in der Gestalt des Verbotes – die Zukunft an: Menschen sind keine patentfähigen Gegenstände, sagt das Gesetz (»patentable subject matter«).

Aber 1989 lagen immerhin schon 44 Anmeldungen auf Patente für Tiererfindungen vor. Die Diskussion läuft in Europa und in den USA auf Hochtouren. Es wäre überraschend, wenn sich – angesichts der wirtschaftlichen Interessen – die Patentierung von Tieren nicht durchsetzen würde. Die Erfolge darf man sich so vorstellen: Die Patentierung von Pflanzen ist durchgesetzt, die Patentierung von Tieren ist auf den Weg gebracht. Und die Patentierung von Menschen wird dann eines Tages auch diskutiert werden. Noch ist die Weltanschauung des 20. Jahrhunderts eine Barriere. Der Schritt zur Menschenpatentierung wird klein, unscheinbar und unsichtbar sein.

Aber menschliche Biomasse – mikrobiologisch verändert –, warum sollte die nicht patentierbar sein?! Oder man nähert sich dem Patent auf dem Weg über einen Exklusivvertrag.

Ein mikrobiologisch optimierter Spitzensportler teilt vertragsgemäß alle Einnahmen mit dem Hersteller. Das Kind, durch mikrobiologischen Eingriff von einer Immunschwäche geheilt, darf sich von keinem anderen Wissenschaftler Biomaterial entnehmen lassen. Wäre das ein Weg zur Defacto-Patentierung von Menschen?

Wenn Geschäfte gemacht werden mit transgenen Pflanzen, wenn Geschäfte zu erwarten sind mit transgenen Tieren: Wer glaubt, daß der transgene Mensch ausgelassen wird? Er mag erst einmal einem lateinamerikanischen Labor entspringen – wer will da kontrollieren? Und dann wird man in Europa und den USA und Japan schreien: Unsere Vormachtstellung auf dem Weltmarkt ist gefährdet, wenn andere den High-Tech-Menschen machen dürfen. Und dann wird jemand kommen und sagen: Also, so schlimm ist das ja nicht. Es handelt sich doch nur darum, einen Menschen zu machen, der gegen radioaktive Strahlen resistent ist. Das ist doch nur zu seinem Besten. Das brauchen wir doch außerdem dringend. Die Wissenschaft darf nicht behindert werden. Und leiden nicht zahllose Menschen unter den Folgen von Dioxinvergiftungen? Breitet sich der Hautkrebs nicht unter dem Ozonloch wie rasend aus? Durch mikrobiologische Eingriffe ist das abwendbar. Die teuren Forschungen dazu können aber nicht finanziert werden, wenn sie sich nicht eines Tages auszahlen. Die zahlen sich aber nur aus, wenn das Patent möglich ist. Wenn dann eines Tages der mikrobiologische Eingriff zur Verhütung von Hautkrebs möglich ist und wenn der mit einem Patent verbunden ist – glaubt wirklich jemand, die Barriere gegen ein solches Patent würde lange halten? Es wird heißen: Bei nüchterner Betrachtung kommen wir an der Patentierung von Menschen nicht vorbei, und die Betroffenen wollen sie. Im Interesse der Wissenschaft, im Interesse der Volksgesundheit, im Interesse der ökonomischen Vormachtstellung Europas.

Silikon Valley kann nur funktionieren, wenn die Forschung frei ist. Und dann wird irgendwann die Meldung lauten: Das Patentamt in Brüssel hat in einer Musterentscheidung vom 12. 5. 2005 festgestellt, das von der Firma Genetic Engineering GmbH beantragte Patent auf André S. aus Antwerpen ist genehmigt worden. André S. ist gegen radioaktive Strahlen resistent. Wer das Verfahren zur Herstellung dieser Resistenz nachahmt, macht sich strafbar. Zum Beweis ist beim Patentamt transgenes Material von André hinterlegt. 30 Prozent aller Einnahmen aus seiner Tätigkeit in verstrahlten Bereichen der Nuklearindustrie muß André an seine Erfinder abgeben, das regelt ein Vertrag. Mikrobiologische Sklaverei? Im Gegenteil: Man wird sich drängen. André bekommt einen Vertrag, wie ein Tennisstar ihn hat. Kleines Risiko, großes Geld.

## Kleiner Exkurs über das patentierte Kotelett

Wer in Hamburgerketten Hähnchen bestellt (Chicken-Nuggets) wird nicht wissen, was ihm da gereicht wird. Das sind nämlich keine Teile vom Huhn in Öl gebacken, sondern das ist Hühnerstaub, zusammengeklebt und zu unregelmäßigen Klümpchen geformt. In der Sprache der Lebensmittelindustrie ein »simuliertes« Nahrungsmittelprodukt, das durch das »Neuformen fleischartiger Stücke aus zerkleinertem Fleisch« entsteht. Aber da kann der Esser noch froh sein, daß seine Geschmacksröschen durch wahrhaftig vom Huhn stammende Bestandteile angeregt werden. Imitationen und synthetische Nahrungsmittel unterwandern längst unseren kulinarischen Alltag. Das tägliche Brot empfangen wir nicht mehr aus den schwieligen Händen unserer Bauern, sondern der Strom der Nahrung, die aus dem Labor kommt, schwillt an wie ein reißender Fluß im Frühjahr.

Früher hieß es »Kunst«honig. Der Verbraucher wußte dann, daß er es mit einem eher miesen Derivat zu tun hatte. Heute sind die Imitationen schwerer zu erkennen. Aber ein Blick in die Patentanmeldungen der Lebensmittelindustrie zeigt uns den Weg in eine nun wirkliche Nouvelle Cuisine. Da ist zum Patent gemeldet ein »saftiges selbstfettendes wurstähnliches Nahrungsmittel« und »käseähnliche Speisen«. Vom »schinkenspeckähnlichen Fleischanalog« ist ebenso die Rede wie von einer Imitationskäsegrundmasse. Wolfram Siebeck vermeldet es mit Schaudern: Ein simuliertes Nahrungsmittel durchläuft zum Beispiel folgende Verfahrensstufen: »a) Herstellung eines wässerigen Breis durch zerkleinerte Nahrungsmittelmasse, worin Algensalz gelöst ist; b) Herstellung eines Breis aus schwer wasserlöslichem Calciumsalz, wobei der Brei zusätzlich als Verzögerungsmittel einen Zucker, einwertigen oder mehrwertigen Alkohol enthält; c) Vermischen der beiden Breimassen; d) Gelierenlassen des Gemisches.«

Siebzehn Personen, so wird gemeldet, haben sich in den Vereinigten Staaten als Versuchspersonen mehrere Wochen lang ausschließlich von synthetischen Nahrungsmitteln ernährt. Die Bedeutung solcher Meldungen ist kaum zu unterschätzen. Je schwieriger es ist, konventionell hergestellte Nahrungsmittel einigermaßen giftfrei zu halten, je schneller die Böden erodieren, auf denen in Nordamerika Weizen für die Welternährung hergestellt wird, je heftiger das Wachstum der Weltbevölkerung Hungerkatastrophen heraufbeschwört, desto schneller wird die Nachfrage nach patentierter synthetischer Nahrung wachsen. Diese Entwicklung ist dadurch gekennzeichnet, daß sie erstens mit rasender Geschwindigkeit abläuft und zweitens so vor sich geht, daß wir sie kaum wahrnehmen. Wer hat schon die Möglichkeit, nachzuprüfen, ob ihm im Restaurant Mozzarella oder nur ein »Käsepulver« gereicht wird, »das nach Rekonstituierung die Eigenschaften von Mozzarella aufweist«? Noch im 19. Jahrhundert wurden bei uns etwa 93 Prozent der Nahrungsmittel in Sichtweite des Kirchturms angebaut und verzehrt. Heute kehrt sich das Verhältnis um. Selbst im Tante-Emma-Laden finden sich Tomaten aus dem Senegal, Blumen aus Kenia, Erdbeeren aus Mexiko. Was in jedem solcher Produkte an Öl verbrannt ist, bleibt unerkennbar: Kunstdünger, Pestizide, Transport sind nicht ohne fossile Brennstoffe zu produzieren. Ivan Illich nennt das industrialisierten Hunger. Die Fähigkeit, sich selbst Nahrungsmittel zu verschaffen, ist fast vollständig ruiniert. Und das nicht nur in Europa. Auch in Afrika und anderen Dritte-Welt-Ländern sinkt rapide die Bereitschaft und die Fähigkeit, sich selbst zu versorgen. Um die Jahrtausendwende wird rund die Hälfte der Weltbevölkerung in Städten leben. Sie alle sind auf Nahrungsmittelproduzenten angewiesen, und das werden immer weniger die Bauern und immer mehr die Laboranten der Lebensmittelkonzerne sein. Und sie werden aus dem Genlabor bedient werden.

## Wer ist HUGO?

Einen kosmischen Kalender hat der amerikanische Astrophysiker Carl Sagan verfaßt: Die Entstehung des Universums und dessen Entwicklung bis zum gegenwärtigen Zeitpunkt hat er in die Spanne eines Jahres eingezeichnet.

Um null Uhr null am 1. Januar entsteht das Weltall – vielleicht durch einen Urknall. Am 1. Mai bildet sich die Milchstraße, am 14. September entsteht die Erde. Am 25. September entwickelt sich erstes Leben aus der Ursuppe. Zum 1. November wird die Sexualität erfunden, am 12. November die Photosynthese. Die ersten Fische erscheinen am 19. Dezember, am 24. Dezember haben die ersten Saurier Premiere. Sie sterben vier Tage vor Jahresende wieder aus. Einen Tag später sind die Primaten auf der Bildfläche.

Der Mensch findet sich in diesem Szenario erst am letzten Tag des kosmischen Kalenders ein. Am 31. Dezember um 13.30 Uhr regt sich Ramapithecus. Der erste »Mensch« steht eineinhalb Stunden vor Mitternacht auf dem Planeten. Der Pekingmensch beherrscht um 23.46 Uhr das Feuer. Der Cromagnon-Mensch malt seine Höhlenbilder um 23.59 Uhr – eine Minute vor Mitternacht. 20 Sekunden später wird die Landwirtschaft erfunden. Zehn Sekunden vor Mitternacht ist die Blütezeit der ersten Hochkulturen. Sechs Sekunden danach findet Christi Geburt statt, und es ist 23 Uhr und 59 Sekunden, als durch die kopernikanische Wende die modernen wissenschaftlichen Zeiten ihren Auftakt erfahren.

Es ist diese letzte Sekunde, die alle unsere Aufregungen umfaßt. Das ebenso geniale wie aggressive Wesen Mensch hat in dieser Sekunde die Matthäuspassion komponiert und die Atombombe gebaut. Es hat aus Marmor den David gehauen und ist zum Mond geflogen. Die Französische Revolution hat stattgefunden, und Kants Kritik der reinen Vernunft ist gedruckt worden.

Ob die Nachkommen dieses genial-aggressiven Erdbewohners in den Genuß von Matthäuspassion, romanischen Kirchen und griechischer Plastik kommen werden, steht in den Sternen: Der betreffende Erdbewohner hat es geschafft, Sprengstoffe zu entwickeln, mit der er die Erde zerstören kann. Er hat einen Ausrottungs- und Vergiftungsprozeß in der Natur in Gang gesetzt, der irreversible Schäden nach sich zieht. Und nun ist er dabei, in unserer gegenwärtigen Zehntelsekunde vor Jahresende ins Erbgut der Lebewesen einzugreifen. Er ist dabei, den letzten dunklen Kontinent, das Geheimnis des Lebens, zu erforschen, zu erobern und sich zu unterwerfen. Was ist die Fahrt zum Mond gegen die Schußfahrt in die Keimbahn, die gerade angetreten wird?

Von nun an muß ein neues Jahr gezählt werden. Denn vorbei ist die Zeit, in der sich der Mensch als End- und Höhepunkt der Schöpfung betrachtet hat. Von nun an wird er selbst zum Schöpfer. Die Geschichte der gewordenen Natur ist zu Ende. Die Geschichte der gemachten Natur beginnt. Das 20. Jahrhundert ist – zum Ende hin – erfüllt von der Klage um das Aussterben der Tiere und Pflanzen. Das 21. Jahrhundert wird die Neuankömmlinge verzeichnen: die vom Menschen entworfenen und geplanten Pflanzen und Tiere. Die botanischen Gärten und die Zoos werden nicht durch die kleinen Schilder »gefährdete Art« gekennzeichnet sein, sondern durch frische Aufschriften, die etwa so lauten: »Tutti Frutti. Die Frucht mit diesem Namen existiert seit 2007. Sie vereinigt die Vorzüge der Größe des Kürbisses mit dem Vitaminreichtum der Apfelsine und dem Geschmack des Pfirsichs. Ernährungsberater empfehlen sie als natürliches Additiv zum Synthetikmenü.« In der Zoovoliere wird hingewiesen auf den Sony-Kanarienvogel. Dank der Unterstützung eines Elektronikkonzerns konnte ein Kanarienvogel entwikkelt werden, dessen Biomasse so programmiert ist, daß er mit Sicherheit morgens und abends je zwei Stunden singt. Er ist patentiert und in Naturmöbelgeschäften erhältlich. Slogan: Holen Sie die Natur in Ihr Apartment.

Vorbereitungen zum Eingriff in die Keimbahn des Menschen und anderer Lebewesen – das ist wie eine Zündschnur, die zur Dynamittonne führt. Ob der Mensch damit nur die Natur wegsprengt oder ob er selbst auf der Tonne sitzt – das wird sich zeigen. Die Sprengladung trägt jedenfalls die Aufschrift: Freier Blick zurück bis zum fünften Schöpfungstag. Von da ab wird die Sache jetzt neu geschrieben.

Greifbar wird dieses Vorhaben in HUGO, einem Forschungsprojekt, das die Größe des Manhattan-Projektes hat. Manhattan-Projekt – das war das Großunternehmen zur Entwicklung der Atombombe. Auch der Vergleich mit dem Apollo-Raumfahrt-Projekt oder dem SDI-Vorhaben (»Krieg der Sterne«) ist angemessen.

HUGO ist die Abkürzung für Humane Genome Organization. In einem weltweiten Verbund von Mikrobiologielabors sollen die menschlichen Gene kartiert werden. Noch ist von diesem dunklen Kontinent nur wenig bekannt. Nur einzelne Gene sind lokalisiert. Das ist etwa soviel wie das Mittelalter über Afrika wußte. In einem Riesensprung soll dieser unbekannte Kontinent nun erforscht und kartographiert werden. Der Gegenstand dieses Megaprojektes ist aber eben kein unerforschtes Land, sondern der Mensch selbst. Um eine Zelle des Menschen und die in dieser Zelle enthaltenen Informationen dieser Aufwand?

Mit HUGO wird der Mensch selbst zum größten Forschungsprojekt. Der Leiter und Initiator des Mammutprojektes ist der Nobelpreisträger Watson. Der fällt nicht nur durch seine Werbekampagnen für HUGO auf, bei dem ihm jedes Boulevardzeitungsargument recht ist, um für HUGO Gelder einzuwerben. Werbung und Wissenschaft verschwimmen. Der Name des Promotors scheint auch wie ein Programm. Hieß nicht der Gehilfe des Meisterdetektivs Sherlock Holmes Watson? HUGO ist ein Kriminalfall. Doch die Sherlock Holmes' sind abgetreten – die Regie ist von den einfältig-biederen Watsons übernommen worden. Es ist wie in Goethes Faust II: Auch da ist es der servile, ruhmgierige Wagner, der das Laborgeschehen bestimmt und den Homunculus aus der Retorte schafft.

Wagner: Ein herrlich Werk ist gleich zustand gebracht.

Mephistopheles: Was gibt es denn?

Wagner: Es wird ein Mensch gemacht.

Mephistopheles: Ein Mensch? Und welch verliebtes Paar habt Ihr ins Rauchloch eingeschlossen?

Wagner: Behüte Gott! Wie sonst das Zeugen Mode war,
Erklären wir für eitel Possen.

Der Mensch – so erklärt Wagner – werde nun nicht mehr wie ein Tier gezeugt, sondern der Mensch werde künftig reineren, höheren Ursprung haben. Aus vielen hundert Stoffen werde »der Menschenstoff komponiert«. Ein Hirn wird künftig vom Denker gemacht. Sagt Wagner und läßt den Homunculus aus dem Glas steigen. Als gäbe es die gesamte Reproduktionsmedizin schon.

Das Vorhaben, das Watson leitet, kommt in seinen Zielen dem Homunculus-Experiment schon ziemlich nahe. Es geht um nicht mehr und nicht weniger als um die Zerlegung des Menschen in seine kleinsten Bestandteile. Und diese Zerlegung soll dann die fehlerfreie und geplante Neukonstruktion ermöglichen. HUGO soll den Bio-Code des Menschen knacken und damit die Aufspürung von Fehlern im Code ermöglichen, aber auch die Neukomposition von Einzelteilen ermöglichen.

Die finanziellen Dimensionen dieses Vorhabens sind gewaltig. Drei Milliarden Dollar und fünfzehn Jahre Zeit werden vorerst veranschlagt, um durchzuführen, was in Angriff genommen worden ist: die Kartierung aller menschlichen Gene – mit dem Ziel, das Geheimnis des Lebens zu lösen.

Noch geht die Identifizierung einzelner Gene sehr langsam voran. Die Wissenschaftler vergleichen den Stand ihrer Arbeiten mit der Fertigung von Autos vor der Zeit Henry Fords: Handarbeit ist die Suche und Kartierung der Gene. Noch. Wird erst einmal die Fließbandarbeit möglich, dann wird die Genkartierung rasende Fortschritte machen. HUGO wird uns die Enzyklopädie des Lebens schenken. Das sagt Leroy Hood, einer der führenden Köpfe in Pasadena am California Institute of Technology. Bei HUGO gehe es nicht um ein Experiment, sondern um eine Ressource. Es wird nach genetischem Öl gebohrt, um Quellen zukünftigen anthropologischen Reichtums zu erschließen. Goldsucher sind die HUGO-Wissenschaftler. »Es wird alles im Computer sein, und es wird Biologen die Möglichkeit geben, alle möglichen Sachen zu machen« (Leroy Hood). Es ist nur wenigen Menschen klar, welche Wasserscheide da überschritten ist: Nicht um schreckliche oder hilfreiche Menschenexperimente geht es. Wir sehen nicht in das Kabinett des Dr. Frankenstein, sondern in die Büros von Prospektoren: Die Verrohstoffung des Menschen ist auf der Tagesordnung. Das sieht man auch daran, daß gegenwärtig die Claims abgesteckt werden. Wer bekommt welchen Genabschnitt zur Erforschung zugeteilt?

1888 fand in Berlin die Kongokonferenz statt. Da teilten die Industriemächte Afrika unter sich auf. Diese Aufgabe erfüllen heute – im HUGO-Projekt – die Konferenzen, auf denen die Verbundforscher die Genkartierung unter sich absprechen. Ja, man kann die Parallele noch weiter ziehen: 1888 waren die Instrumente der Kolonialisierung Afrikas rauh und primitiv: Das Maxim-Maschinen-Gewehr und das Eisenboot waren die Hauptinstrumente der Unterwerfung. Auch die Kartierung der Gene ist noch ein Geschäft mit primitiven, rauhen Instrumenten. Der Micromanipulator erlaubt es, einzelne Gene per Hand zu sequenzieren. Einige hundert Gene können im Labor pro Tag festgenagelt werden. Mit einem Speziallaser werden es bald 1000 DNS-Basen sein, die am Tag bestimmt werden können.

Was wird bei HUGO nun eigentlich genau gemacht? Daß wir Menschen – wie andere Lebewesen auch – aus Zellen zusammengesetzt sind, die eine Art kleinster Einheit unseres Körpers bilden, das ist in unser Alltagsbewußtsein eingesickert. Diese Zellen enthalten im allgemeinen 23 Chromosomenpaare: 23 vom Vater, 23 von der Mutter, die kombiniert sind. Weiter ins Detail geht der Blick. Es wird sichtbar, daß das Chromosom eigentlich aus einem einzigen Molekül besteht. Das sieht aus wie eine lange Schlange. Es ist eine

DNS-Kette. Dieser DNS-Kette kann man nun noch näher rücken. Dann zeigt sich, daß die Kette aussieht wie eine Doppelschlange: zwei lange Schnüre, die sich umeinander drehen. Sie sind durch Sprossen miteinander verbunden, so daß das Ganze aussieht wie eine gedrehte Strickleiter. Und – noch genauer hingesehen – es zeigt sich, daß diese Sprossen sehr unterschiedlich sind und doch sehr simpel. Sie bestehen aus verschiedenen Kombinationen von vier Basen: Adenin, Thymin, Guanin und Cytosin. Jedes Gen ist gebildet aus Tausenden bis Millionen von Basenpaaren.

Ein Chromosom enthält ungefähr 50000 bis 100000 Gene. Die bestehen aus drei Milliarden Basenpaaren. HUGO hat nicht mehr und nicht weniger vor, als diese Gene und Basenpaare zu bestimmen und zu notieren.

Für die Laboruntersuchung wird die DNS-Kette in kleine Stränge unterteilt. Die Stränge umfassen etwa 40000 Basen. Diese Teilstücke werden in Bakterien oder Hefezellen übertragen und dort geklont. Sie werden vervielfältigt, damit man jederzeit wieder auf sie zurückgreifen kann. Diese vervielfältigten DNS-Teilstücke werden in der National-Gene-Library verwaltet. Sieht so die Bibliothek der Zukunft aus? Man muß sich diesen Wandel einmal vergegenwärtigen, der sich da vollzieht. Aus dem Buch, das aufgeschlagen wird, um etwas zu lesen, um sich zu informieren, um etwas zu überprüfen, aus diesem Buch ist inzwischen eine Bakterie geworden, in der sich geklontes Menschenmaterial findet.

Es ist schon sehr eigenartig: Frage ich einen Mikrobiologen, ob die Klonung von Menschen denkbar sei, dann wird der solide Wissenschaftler die Hände über dem Kopf zusammenschlagen und darauf hinweisen, daß die Wissenschaft noch lange, lange nicht soweit sei. Das stimmt insofern, als es vorerst nicht möglich sein wird, aus dem Zellmaterial eines erwachsenen Menschen einen biologisch identischen Doppelgänger zu reproduzieren. Aber fragt man genauer nach, dann ist nicht zu leugnen, daß die Embryonenteilung machbar ist. Die Klonung des Menschen im Urstadium ist längst keine Hürde mehr. Und nun dieses Faktum: Menschliche Materialien werden längst in Genbibliotheken geklont. Natürlich sind es nicht ganze Subjekte, die kopiert werden, sondern Bestandteile von Subjekten. Aber das zeigt ja gerade, wohin der Weg geht: hin zur Auflösung des Subjektes in seine Bestandteile und zur Veränderung dieser Bestandteile. In HUGO wird der Mensch vom Subjekt zum Objekt der Forschung. Diese geklonten menschlichen Teilchen – sie haben nicht die Möglichkeit, nein zu sagen. HUGO atomisiert den Menschen. Das Ich, das Individuum, wird unter dem Micromanipulator endgültig in seine Bestandteile aufgelöst.

Das Manhattan-Projekt war der Versuch, die sichtbare Materie, Menschen und Häuser, in ihre atomaren Bestandteile zu zersprengen. Eine mörderische Homöopathie: durch atomare Manipulation zur Atomisierung der Menschen und Häuser. HUGO ist ein stilles Manhattan-Projekt. Die tiefsten, innersten Geheimnisse des Menschen werden ans Licht geholt, betrachtet, zerschnitten und vervielfältigt. HUGO zerlegt das Individuum in seine Bestandteile – wie es schon in Hiroshima geschah. Der Unterschied: Es knallt nicht, und die Menschenbestandteile leben in Bakterien fort.

Die Parallele zwischen Manhattan-Projekt und HUGO sind besonders sinnfällig, wenn man nach Los Alamos kommt. Dort begrüßt den Besucher am Ortseingang das stolze Schild: Atomic City. Vom Manhattan-Projekt stehen noch einige Holzhütten als Museum da. Larry Deaven ist einer der wissenschaftlichen Leiter des HUGO-Projektes in jenem Genforschungszentrum, das nebenan gebaut ist. »Woran wir hier forschen«, sagt er, das ist das zweite Manhattan-Projekt.« Der naßforsche Ton der »Genjäger« (Larry

Deaven) und die naiven Utopien, die von diesen Wissenschaftlern verbreitet werden, sollten nicht dazu verleiten, sie zu unterschätzen. Das Manhattan-Projekt ist in seinen Holzhütten noch verewigt: So unscheinbar, so wenig spektakulär beginnt, was in Nagasaki endet.

Die Entwicklung von der Grundlagenforschung bis zur praktischen Anwendung hat in der Atomindustrie noch Jahrzehnte gedauert. In der Mikrobiologie sind die Sprünge rascher. Der Brite Francis Crick und der Amerikaner James Watson haben vor kaum vierzig Jahren die Doppelhelix – diese gewundene Strickleiter – entdeckt. Das Studium dieses Bio-Codes führte bereits 1965 zur Entschlüsselung eines kompletten Gens: Die zwanzig DNS-Sprossen eines Bakteriums waren entziffert. Der Kartierung folgte sogleich die Neukomposition. An der Stanford-Universität isolierte Stanley Cohen die DNS-Partikel verschiedener Bakterien und setzte sie zu neuen DNS-Ketten zusammen. Gott wurde Mensch und wohnte in einem amerikanischen Labor: Stanley Cohen kann mit Recht behaupten, er habe die Wasserscheide überschritten. Er hat den ersten Schritt zur Neukonstruktion von Lebewesen getan. Es ist wichtig, sich in die Situation eines solchen Forschers zu versetzen. Da sind die verschiedenen DNS-Ketten, und nun gibt es die Möglichkeit, aus diesem Puzzle etwas Neues zu konstruieren. Wer kann sich der Faszination dieses Augenblicks entziehen? Wie ein Gott, wie ein Schöpfer neue Lebewesen hervorzurufen aus dem Nichts! Es ist nur ein Bakterium. Aber die Anfänge sind nun einmal klein. Und es ist nicht schwer, sich vorzustellen, wie der Weg vom Einzeller zum Mehrzeller, zum Fisch, zum Säugetier, zum Primaten, zum Menschen geht.

Das HUGO-Projekt läßt den Beobachter bisweilen schwanken, ob er es mit einer gigantischen Molekularscharlatanerie zu tun hat oder mit einem Projekt, das die Menschheits- und Naturgeschichte auf den Kopf stellen wird.

Mißtrauisch macht die Tatsache, daß ja die Grundidee ist: Erforscht man den Code eines Gens, dann sind damit prinzipiell alle Gene aller Menschen bekannt. Es wird sich wohl um einen weißen Amerikaner handeln, sagt Chargaff und merkt an, daß Spötter vorgeschlagen haben, den reichsten Mann des Landes zur Untersuchung auszuwählen. »Dessen Nukleotidsequenz könnte uns allen als ein unerreichbares Vorbild dienen; die Evolution würde sich das nicht zweimal sagen lassen und sofort beginnen, in dieser Richtung zu mutieren.« Chargaff meint, daß noch völlig unentschieden sei, ob die Genomanalyse auf ein Einheitsgen stößt, also auf die gleiche Anordnung aller Gene außer bei den Menschen, die von einer Erbkrankheit befallen sind. Die Unterschiede zwischen den Menschen müßten dann damit erklärt werden, daß die Gene sich unterschiedlich auszudrücken vermögen, »eine Perspektive, welche die Anstellungsmöglichkeiten für Molekulargenetiker für ein weiteres Millenium« sichere. (»Nukleotid« ist der Fachausdruck für die DNS-Kette, die in ihre Sequenzen aufgeteilt werden soll.)

Chargaff macht sehr deutlich, daß der Blick auf das Projekt HUGO ambivalent ist. Einerseits ist es, wie er sagt, ein »Trottelprojekt«: Die Vorstellung, man wisse, was der Mensch sei, wenn man die drei Milliarden Basenpaare und die ca. 100 000 Gene eines Chromosoms identifiziert habe, ist ein Ausdruck musterhaften wissenschaftlichen Größenwahns. Aber andererseits ist das Genomprojekt ein Teil des heftiger werdenden Kolonialkrieges gegen die Natur, bei dem mit den Ergebnissen eine Menge Schindluder getrieben werden kann. Vor allem wird herauskommen, daß alle Menschen – gemessen an dem Normgen – Abweichler sind.

Noch einmal James D. Watson: »Ich finde es erregend, daß während unserer Lebenszeiten das menschliche Genom erkannt werden wird. Ich hätte nicht geträumt, daß das geschehen wird. Ich bin hauptsächlich an der reinen Wissenschaft interessiert, herauszufinden, was der Mensch ist. Das ist es, was ich wissen will. Was die kommerziellen Vorteile sein werden, ist schwer zu sagen.« Herauszufinden, was der Mensch ist – das wird nicht gelingen, aber Tausende von Wissenschaftssklaven, die an diesem stumpfsinnigen Projekt sitzen, werden es sich einbilden. Und mit der Autorität, die sich daraus speist, werden sie Politik machen.

Im Dezember 1990 fand in Frankfurt eine Tagung der Human Genome Organization statt. Zunächst wurden die Restriktionen beschworen, denen die Genforschung in Deutschland unterworfen sei. Restriktionen und Ängste hätten schon jetzt dazu geführt, daß die deutsche Wissenschaft hinterherhinke. Dann waren die Thesen einer postsozialen Medizin zu hören, die sich immer deutlicher zu Wort meldet: Die meisten Krankheiten – besonders aber Krebs – seien erblich bedingt, und Genomanalyse werde dazu führen, diese Krankheiten zu verstehen und zu heilen. Berichtet wurde über neue Instrumente zur Trennung von Genabschnitten (z. B. »optische Pinzetten«). Auch über die Probleme mit der Fülle der Informationen machte man sich Gedanken. In traditionellen Computern sind die Datenmengen kaum noch zu speichern, gebraucht wird Bioinformatik – der Computer, der mit lebendem Material arbeitet. Die Tagung wurde abgeschlossen mit einem Vortrag über die Bioethik der Genomanalyse. Richard Benson aus Kalifornien, der an der Fakultät für Bioethik in Leeuven (Belgien) arbeitet, sagt: Sokrates habe doch schon sein »Erkenne dich selbst« in die Welt geschmettert. Und das genau sei das Ziel der Genomanalyse. Vorwärts oder zurück in die Steinzeit! Die medizinische Entwicklung habe die natürliche Selektion ausgeschaltet, die negativen Folgen für das menschliche Genom seien evident. Die Genomanalyse eröffne die Möglichkeit, den Schaden am menschlichen Genpool wieder zu beheben. Die Genomanalyse sei deshalb ein absolutes Muß.

HUGO ist – wie man sieht – nahezu zwangsläufig ein eugenisches Projekt. Noch einmal: Die Skeptiker mögen recht behalten, vielleicht kommt bei HUGO wenig heraus. Ob das Herumfummeln am menschlichen Genom nun das bringt, was Leute wie Benson versprechen, sei dahingestellt. Aber Kinder, die am Zünder einer im Garten gefundenen Bombe herumspielen, können die Explosion auslösen – auch ohne die Bombe verstanden zu haben.

## Die Katze im Sack

Philippe Kourilsky ist der junge Forschungsdirektor am Centre National de la Recherche Scientifique und Leiter des Labors für Molekularbiologie und Genetik am Institut Pasteur in Paris. Frage an Kourilsky: »Halten Sie selbst eine genetische Manipulation des Menschen in nächster Zukunft für möglich?«

Kourilsky: »Was Sie hier ansprechen, ist ein rein soziales Problem. Grundsätzlich kann man sagen, daß die wissenschaftlich-technischen Voraussetzungen, um solche Experimente durchzuführen, beinahe gegeben sind; Gentransplantationen an Mäusen werden im Augenblick in Hunderten von Laboratorien in aller Welt durchgeführt. Und dabei handelt es sich um wirkliche Genmanipulationen, deren Resultate vererbbar sind. Rein technisch werden diese Eingriffe immer weiter verbessert. Auch wenn die Technik, solche Eingriffe an Menschen vorzunehmen, noch nicht vollständig entwickelt ist, so besteht kein Zweifel daran, daß es über kurz oder lang dazu kommen wird. Das Problem liegt nicht in der Technologie, sondern in der Frage, ob die Gesellschaft Experimente oder Eingriffe der gegenständlichen Art erlauben soll oder nicht. Was Frankreich anbelangt, so sind Experimente an Menschen zur Zeit illegal, ihre Legalisierung wäre eine soziale Entscheidung. Das Nationale Komitee für Ethik müßte befinden, ob entsprechende Experimente aus diesen oder jenen Gründen erforderlich seien. Man müßte ein Ziel und einen Grund haben, sie zu genehmigen. Gegenwärtig sehe ich solche Gründe nicht, und so dürften diese Experimente noch für viele Jahre verboten bleiben. Allerdings nur bis zu dem Zeitpunkt, wo jemand ein überzeugendes, sinnvolles Projekt vorstellt, das nicht auf das Individuum, sondern auf die Gemeinschaft zugeschnitten ist.

Gentechnische Experimente am Menschen auf Dauer zu verbieten, halte ich für falsch. Gegen ein solches Verbot sprechen viele Gründe. So wäre es in unserem atomaren Zeitalter sicher ein Vorteil, wenn wir uns gegenüber atomarer Strahlung resistent machen könnten. Durch Gentransplantation wäre so etwas theoretisch möglich.«

Das sind Äußerungen, die an Deutlichkeit nichts zu wünschen übriglassen. Nicht Dioxin vermeiden, läßt sich ergänzen, sondern eine Bremse einbauen, die verhindert, daß Dioxin in der Zelle Krebs auslöst. Das Projekt, von dem hier die Rede ist, das auf die »Gemeinschaft« und nicht auf das »Individuum« zugeschnitten ist – das Projekt ist schon auf dem Tisch. Kourilsky formuliert es selbst im weiteren Verlauf des Interviews: Es ist das Projekt einer eugenisch kontrollierten Gesellschaft, die ein fehlerfreies Nachwuchsprodukt verspricht:

> »Erinnern wir uns: Im Jahre 1975 war nicht ein einziges menschliches Gen bekannt, während wir heute fast 2000 Gene kennen.« Dieses Wissen werde es den Medizinern ermöglichen, Defekte an Genen, die eine Krankheit verursachen, frühzeitig zu erkennen. »Durch die Anwendung gentechnischer Methoden wird Medizin in die Lage versetzt, Krankheiten schon im pränatalen Stadium zu

diagnostizieren und mögliche Erbkrankheiten zu verhindern.«

Das gentechnische Projekt mag manche Möglichkeiten verborgen halten, aber diese, die Menschenzüchtung im vorgeburtlichen Stadium, die wird die schnellste Realisierung finden. Das heißt selbstredend nicht, daß damit Leiden und Behinderung aus der Welt geschafft werden, da ist eher ein Zuwachs durch Umweltschädigungen zu befürchten. Aber das Versprechen, den Erbkrüppel prophezeien und ausmerzen zu können, dieses Versprechen macht die Gentechnologie.

Wer seine Befürchtungen gegenüber der Gentechnologie ausspricht, kann sicher sein, von der Elite der Genforschung als Feigling dargestellt zu werden. James D. Watson, Nestor und eifriger Förderer des HUGO-Projektes, hält am 1. Februar 1990 einen Vortrag in Tübingen. Ihm wird die Frage gestellt, ob, wenn HUGO erst einmal Ergebnisse vorzuweisen hat, dann nicht illegaler Zugang zu den genetischen Daten anderer zu befürchten sei. »Es gibt doch heute schon so viel Illegalität!« antwortet Watson, »Es gibt so viele Möglichkeiten, Böses zu tun, daß ich mir nicht vorstellen kann, warum sich jemand die DNS dafür aussuchen sollte. Ich«, so fährt er fort, »würde mich mehr vor bissigen Hunden fürchten als vor DNS!«

Der bereits erwähnte Herausgeber des »Science Magazine«, Daniel Koshland, sagt:

»In Washington gibt es Leute, die meinen, man solle lieber mehr Geld in die Wohnungsbauprogramme stecken als in die Erforschung des menschlichen Genoms. Nun, ich denke, langfristig wird das Human-Genome-Projekt mehr zur Lösung des Obdachlosenproblems beitragen als der Bau von Wohnungen ... Viele der Obdachlosen sind physisch oder psychisch gestört. Wenn wir also die Ursachen und nicht die Symptome bekämpfen wollen, dann sollten wir das Geld in die Erforschung der menschlichen Gene investieren.«

Und weiter Koshland: 50 Prozent der Krankenhausplätze für Geisteskranke in den USA wären von Schizophrenen belegt. Und das sei schließlich eine geerbte Krankheit. »Mit den Krankenhauskosten eines Jahres könnten die Kosten für das gesamte Genom-Projekt gedeckt werden.«

Theodore Friedman ist Medizinprofessor und soll für die amerikanische Regierung die ethischen Fragen gentechnischer Eingriffe einschätzen:

> »Wir haben in unserer Gesellschaft keinen Platz mehr für Unvollkommene wie früher, vor ein paar hundert Jahren. Da gab es den Dorftrottel, der hatte eine bestimmte Rolle in der Gemeinschaft, in der Kultur, konnte die Scheunen kehren oder die Straße fegen. Heute gibt es keine Aufgabe mehr für diese Leute, mit der sie produktiv sein könnten, als Straßenfeger etwa. ... Wir glauben, Krankheit ist etwas, was nicht sein sollte und gegen das wir kämpfen wollen, das wir nicht akzeptieren können. Wir glauben nicht gern, daß der Dorftrottel ein besseres Leben führt. Wir wollen manipulieren. Das ist ›Medizin‹.«

## Wie weit seid ihr?

In Frankreich sind menschliche Gene, die für die Bildung von Wachstumshormonen zuständig sind, auf Regenbogenforellen übertragen worden. Sie sollten auf diese Weise schneller in die Bratpfanne wandern. Menschenteile sitzen also in der Forelle, um Beschleunigungsprozesse zu bewirken.

In Deutschland wurden menschliche Wachstumshormone auf Barsche übertragen. Es ist tatsächlich wie die Eroberung Afrikas im 19. Jahrhundert: Abspaltungen der menschlichen Gesellschaft machten sich auf den Weg, um die Neger zur Arbeit zu zwingen. So werden jetzt menschliche Gene in Tiere delegiert, um dort Beschleunigungsprozesse zu organisieren. Tiere werden zur Kolonie: von innen heraus.

Ein anderes Beispiel: Die Forschung hat sich, wie bereits gesagt, Krebsmäuse geschaffen. Alzheimer-Mäuse gibt es auch schon. Das Experiment mit Viren, die für Menschen gefährlich sind, ist am Menschen nicht ohne Hemmungen durchführbar. Gebraucht werden also »Tiermodelle«, an denen probiert werden kann. Am General-Hospital in San Franzisko wird deshalb seit 1990 mit einer Menschen-Maus gearbeitet. Sie wird hergestellt mit Hilfe menschlicher Föten, die nicht älter als 22 Wochen sein dürfen. Die Föten stammen aus Abtreibungen. Sie werden in viele hundert Stücke aufgeteilt und jungen Mäusen unter die Niere verpflanzt. Nach etwa zwei Monaten wachsen bei den Mäusen kleine menschliche Organe heran. Die sind nicht vollständig, aber es sind – wie es so schön heißt – funktionstüchtige Systemeinheiten, die in Konkurrenz zu den Mäuseorgangen arbeiten. Krüppelartige Miniversionen von menschlichen Lungen, Därmen, Bauchspeicheldrüsen, Lymphknoten, Thymusdrüsen, Lebern und Immunsystemen werden in den Mäusen entwickelt. Sind sie einmal entstanden, dann kann das jeweilige Organ mit HIV oder Leukämiviren, mit Hepatitis oder Influenza krank gemacht werden. Verboten ist in den Vereinigten Staaten nur die Übertragung menschlichen Fötalgewebes auf Menschen.

Noch einmal: Ist das der Weg zur Chimäre, zum Mischwesen aus Mensch und Tier? Kein Mensch, der eine Vorstellung davon hat, wie schnell Wissenschaft in diesen Gebieten voranschreitet und wie grenzenlos ihre Ziele sind, wird daran zweifeln, daß die nächsten Schritte im Gehirn der Forscher, vielleicht auf Blaupausen und womöglich schon im Reagenzglas bereits da sind.

Und ein letztes Beispiel: Das Embryonenschutzgesetz, von dem schon die Rede war, enthält eine merkwürdige Lükke. Die SPD wollte in das Gesetz auch eine Formulierung einfügen, nach der bestraft wird, wer eine menschliche Eizelle mit dem Samen eines Tieres und eine tierische Eizelle mit dem Samen eines Mannes befruchtet. Die Bundesregierung lehnte eine solche Formulierung im Gesetz ab. Warum? Weil sie einer bereits geübten Praxis ein Ende machen würde. Es gibt nämlich den sogenannten »Goldhamstertest«. Er ist in der Medizin üblich, um die Fruchtbarkeit von Männern zu prüfen. Bei dem Test werden die männlichen Samenzellen mit Eizellen von Goldhamstern verbunden. Wenn die Samen des Mannes in der Lage sind, in die Goldhamster-Eizellen einzudringen, dann ist die Fruchtbarkeit erwiesen. Natürlich kann so kein Gold-Mann oder Hamster-Mensch entstehen. Aber gilt das auf Dauer auch für die Zusammenführung von Primatensamen und Mencheneizellen? Ist es sicher, daß Forscher davor zurückschrecken, so etwas zu versuchen und sich darum zu bemühen, die Hindernisse, die sich dem Versuch technisch und ethisch in den Weg stellen, zu beseitigen? Werden sie sich darum bemühen, die technischen Barrieren aus dem Weg zu räumen? Würde nicht die Neugier auf das, was da herauskommen könnte, uns alle faszinieren?

Wie können neugierige oder ruhmsüchtige Wissenschaftler, die da herumprobieren, gebremst werden? Das Genexperiment am Menschen hat begonnen, wo es beginnen mußte: am kranken Kind. Die Kinder unter dem Plastikzelt, die in einem postmodernen Pesthaus groß werden, sie sind die ersten Adressaten der Gentherapie. Den Kindern, die unter dieser Immunschwäche leiden, werden zuerst Immunzellen mit dem defekten Gen entnommen. Mit Hilfe eines unschädlich gemachten Mäusevirus wird dann das gesunde Gen eingeschleust. Das soll sich dann in das Erbgut integrieren. Dann wird es wieder in den Kinderkörper gebracht und soll dort für die Produktion des fehlenden Enzyms sorgen. Regine Kollek kommentiert den Vorgang:

> »Ich glaube, daß unser ethisches Instrumentarium, mit dem solche Dinge bewertet werden, nicht ausreicht, um die neue Qualität solcher Versuche zu erfassen. Solche Experimente werden meist isoliert betrachtet, ohne einzubeziehen, auf welch gefährlichen Abhang wir damit geraten. Wenn wir keine Strategien entwickeln, um mit solchen neuen Problemen fertig zu werden, muß die Ethik dem Fortschritt weichen. ... Meine Probleme mit der Gentechnik entstehen ja auch und gerade durch ihre Erfolge in bestimmten Bereichen. Und wenn wir all die Dinge erfolgreich tun können, dann ist der Weg frei, um Gene nicht nur in Körperzellen einzubauen, sondern auch in die Keimzellen. Das ist der Schritt zur Menschenzüchtung. Dann können nicht nur Gene repariert, sondern auch wünschenswerte Eigenschaften eingebaut werden.«

In diesem Bereich werden uns die nächsten Jahre eine Nachricht nach der anderen präsentieren: In den Vereinigten Staaten werden schon Krebskranke mit genmanipulierten Krebszellen behandelt. Der Vorgang ist ähnlich wie im geschilderten Fall: Es handelt sich um Menschen, die am schwarzen Hautkrebs leiden. Ihnen werden weiße Blutkörperchen entnommen. In diese weißen Blutkörperchen wird ein Gen implantiert, das die Produktion des sogenannten Tumor-Nekrose-Faktors steuert. Der New Yorker Chirurg Rosenberg, der dieses Pilotprojekt leitet, gilt als medizinischer Superstar, ein Vasco da Gama der Gentherapie:

»›Normalerweise wird das TNF von den Makrophagen, den großen Freßzellen des Immunsystems, gebildet und dient der Bekämpfung von Tumorzellen. Nach Art einer ätzenden Säure umspült das Enzym die wuchernden Geschwülste, zersetzt, verflüssigt und vernichtet sie schließlich. Die Mediziner nennen diesen Heilungsprozeß Lyse.‹
Mit seinen im Labor umgebauten weißen Blutkörperchen hat Rosenberg gleichsam eine künstliche Krebspolizei gezüchtet. Mit jeder Infusion werden die manipulierten Zellen massenhaft in die Blutbahn der Kranken gespült. Dort sollen sie, so der Plan, durch die Adern zirkulieren und Jagd auf Metastasen machen.
Noch vermag jedoch niemand zu sagen, ob die Tumorkiller nicht auch gesunde Organe attackieren.
Bei der neuen Rosenberg-Methode könnten, wie Experten der US-Arzneimittelbehörde befürchten, einige der eingeschwemmten TNF-erzeugenden Zellen die angepeilten Hautkrebszellen verfehlen. Würden sich solche Blindgänger etwa in die Niere oder einem anderen gesunden Organ einnisten, könnten sie dort ein unbeabsichtigtes Zerstörungswerk verrichten« (»Der Spiegel«).

Es kann kaum bezweifelt werden, daß die Gentherapie sich anschickt, die Medizin der Zukunft zu werden. Sie kann als eine Art Mikropolizei betrachtet werden, die gegen schädliche Elemente im Körper ausgeschickt wird. In dieser Rolle, als Kontrollorgan, kann die Gentechnologie allerdings auch schon Makroerfolge vorweisen. In Dänemark wurde 1991 die DNS-Analyse eingesetzt, um das Verwandtschaftsverhältnis von Ausländern zu beweisen.

So fing es an: Die dänischen Behörden erschwerten den Nachzug von Familienangehörigen, indem sie das Verwandtschaftsverhältnis anzweifelten. Der Anwalt einer türkischen Familie beantragte die DNS-Untersuchung, um drei Kinder im Alter von sechs bis zehn Jahren vor einer Abschiebung zu bewahren. Der Nachweis gelang. Die erste Folge: Das Oberlandesgericht hob alle Ausweisungsbescheide gegen angezweifelte Kinder auf. Die zweite Folge: Jetzt wird der genetische Test als Beweis des Verwandtschaftsgrades generell verlangt.

Die Genwissenschaft kann ihr forschendes Auge allerdings auch in die Vergangenheit richten. Die Grenzen der Arten und die Grenzen der Zeiten können überwunden werden, so vernehmen wir. Es wird eine Genarchäologie geben. Die Anfänge sind da. Neuerdings wird in Tongruben, Höhlen und Gräbern nicht nach Totenbeigaben oder Scherben gesucht, sondern nach Geweberesten. Ägyptische Mumien (2400 Jahre), Riesenfaultiere (13 000 Jahre), Magnolienblätter (17 Millionen Jahre) werden auf ihre Erbsubstanzen hin untersucht. Der »New Scientist« berichtet am 11. 5. 1991, daß Abraham Lincoln, der 1865 ermordet wurde, einem DNS-Screening unterzogen wird. Seine Größe, seine langen Arme und Beine haben ihn verdächtig gemacht. War er krank? War er ein Träger des sogenannten Marfan-Syndroms? Die an diesem Syndrom erkrankten Menschen können sehr plötzlich an einer geborstenen Aorta sterben. Auf dem fünfzehnten Chromosom findet sich der genetische Marker für diese Krankheit. Die Genehmigung wurde erteilt, die 126 Jahre alten Gebeine des Präsidenten wurden zur Genüberprüfung freigegeben.

Und noch ein schönes Beispiel für die Geschichtsforschung, die nun auch Gentechniker zu Rate ziehen kann: Die Suche nach einem Gen, das für manisch-depressive Erkrankungen verantwortlich sein soll, hat zwei französische Wissenschaftler (André Chaventré und Edouard Zarifian) zu Geschichtsforschern werden lassen. Es gibt da eine Krankheit, die heißt Jugend-Glaukom. Erhöhter Augeninnendruck führt dabei zur Erblindung. Die Wissenschaftler erkannten einen eigenartigen statistischen Zusammenhang dieser Erkrankung mit manisch-depressiven Erkrankungen. Die zu Geschichtsforschern gewordenen Männer stießen auf ein bretonisches Ehepaar, das im 15. Jahrhundert gelebt hat und erster Träger dieses Glaukomil-Gens gewesen sein soll. Die 30 000 Nachkommen dieses Paars hat Chaventré alle im Computer des Nationalen Instituts für demographische Studien registriert. Es gibt Streit um die Frage, ob die Namen dieser Glaukom-Gefährdeten weitergegeben werden dürfen. Die Datenschützer fechten gegen diejenigen, die Jugendliche vor dem Erblinden bewahren wollen: Es ist einmal mehr wie beim Zauberlehrling. Hat man sie, die Geister, alle gerufen, dann gibt es kaum Möglichkeiten, sie wieder loszuwerden.

Anzeichen für eine Biologisierung der Archäologie und der Geschichtswissenschaft häufen sich: Molekularbiologie ist nicht nur die Wissenschaft der Zukunft, die Individuum und Gesellschaft zu optimieren verspricht. Der Blick zurück zeigt, daß auch die Geschichte einer biologischen Aufarbeitung harrt. Schluß mit der interpretativen Sozial- und Geschichtswissenschaft. Von Ramses II. über Martin Luther bis zu Wladimir I. Lenin ließe sich, wenn man des genetischen Materials habhaft werden könnte, die Geschichte vielleicht neu schreiben.

# Human Wetware

## Das Ich auf Diskette

Vermutlich lassen sich Jahr und Tag, an dem die abendländische Seele erfunden wurde, ziemlich genau festmachen. In Rom, im Jahr 1215, fand unter Leitung des Papstes Innozenz III. das vierte Laterankonzil statt. Das Konzil schrieb vor, daß jeder Christ künftig einmal im Jahr zur Beichte gehen müsse. Bis dahin waren die großen Sünden – Mord, Gotteslästerung – vor der Gemeinde gebeichtet worden. Diese Sünden hatten dann wie eine Last im Raum gestanden, waren sichtbar gewesen wie ein Geschwür. Durch die öffentliche Beichte und die Absolution war die böse Tat hinweggeschafft worden. Im alten Israel war diese Sündenlast sogar – wie ein Gegenstand – dem Sündenbock aufgeladen worden, der dann mit dieser Last in die Wüste gejagt wurde. Von dem Jahr 1215 an ist die Sünde kein Klotz mehr, den man in der Mitte der Gemeinde stehen sehen kann. Die Sünde wird entmaterialisiert. Sie wird zu einer Angelegenheit, die in den Falten der Seele nistet. Sie quält als schlechtes Gewissen – kurz: Sie wird zu einer Seelenschwingung. Denn nun – im Jahre 1215 – wird die Ohrenbeichte vorgeschrieben. Der Sünder muß seine Seele erforschen und dem Priester das Ergebnis dieses Gespräches mit sich selbst mitteilen.

Nicht mehr die Sünde, sondern der Sünder steht im Zentrum des Geschehens. Die Sünde wird zu einem Feeling. Man denke an die Geschichte von Jona, die das Alte Testament berichtet. Ein Sturm gefährdet das Schiff, und die Matrosen vermuten in Jona die Ursache: Seine Sünde zieht das Unwetter herbei. Und deshalb muß er über Bord geworfen werden. Die Sünde kann man anfassen, sie hat einen Körper. Jona landet zu seinem Glück im Bauch eines Walfisches. Aus dieser geradezu körperlich faßbaren Sünde wird ein innerer Zustand – so daß man heute Jona nicht mehr über den Bordrand werfen würde. Er würde zum Therapeuten geschickt, der seine Schuldgefühle aufzuarbeiten hätte.

Geit dem Laterankonzil beginnt die Selbstbefragung, wird der innere Kontinent erforscht und erobert. Die Ohrenbeichte ist das erste innere Wegenetz, das diesen Seelenkontinent erforschen soll. Es werden »Poenitentiarien« entworfen, das sind Beichtspiegel, in denen die Fragen, die das Individuum sich vorlegen soll, eingeübt werden. So werden die Wege ins Innere gebahnt. Im Laufe der Jahrhunderte wird diese menschliche Binnenstruktur durch immer kompliziertere, vollständigere Wegenetze erschlossen. Das Jahr 1215 markiert den Aufbruch in dieses Reich des Inneren. Die Vorschrift der Ohrenbeichte könnte man geradezu in Parallele zum Aufbruch des Kolumbus in die Neue Welt setzen. Die Ohrenbeichte ist die erste Karavelle, die in den unbekannten Kontinent segelt. Dort wird man eine Wildnis entdecken, die Stück für Stück kolonisiert wird. Die wilden Triebe und ungezügelten Affekte werden entdeckt, erforscht und allmählich veredelt.

Die Verschreibung der Ohrenbeichte markiert einen dramatischen Augenblick: Es entsteht die abendländische Seele, das Individuum wird geboren. Später einmal wird die Ohrenbeichte die raffiniertere Gestalt der Psychoanalyse annehmen. Hier im Jahre 1215 wird das (schlechte) Gewissen aus der Taufe gehoben, hier wird die Parzellierung des Innenlebens begonnen, die bei Freud dann einmal die dreifältige Teilung erfahren wird: das Es, das Ich und das Über-Ich als drei Inseln, die sich aus dem Meer des inneren Chaos erheben.

Diese Entfaltung des Innenlebens – und das macht das Laterankonzil heute so aufregend – steht vor ihrem Kollaps. Die massenhaften Therapien und Seelenworkshops können nicht darüber hinwegtäuschen: Es wächst ein Überdruß am Seelenleben heran. Der Psychoboom erinnert an die Hochstimmung des Betrunkenen, dem der Seelenkater folgt. Auch von Tbc-Kranken ist diese finale Euphorie, das letzte Aufflammen vor dem Tod, bekannt. So läuft am Ende des Jahrtausends das Seelenleben noch einmal zur Hochform auf, um bald wie ein mißlungenes Soufflé in sich zusammenzufallen. In Zukunft wird – so darf man vermuten – niemand mehr einen Pfifferling für den ganzen Apparat zur Erforschung und Heilung des Innenlebens geben. So wie die Arbeiter im Bergbau einen zukunftslosen Beruf ausüben, so gehen auch die Seelenarbeiter der Schließung ihrer Zechen entgegen. Es wird keinen Bedarf mehr geben an Leuten, die in den seelischen Höhlengängen und Schächten anderer herumkriechen.

Das heißt: Der Abgesang auf die zentrale Idee der Neuzeit wird gerade angestimmt. Diese Zentralidee heißt: Die Seele, der Charakter, das Verhalten – und wie die Worte alle heißen – sind Landstriche, die man entdecken und kolonisieren kann. Die Seele ist sichtbar und formbar. Schön und gut, das kann ja sein – so wird künftig gesagt werden –, aber es ist uninteressant. Man kann auch Bergbau betreiben, aber niemand will die Kohle mehr haben. Man kann Seelenforschung betreiben, aber das Interesse daran wandert ab. Was tritt an die Stelle?

Nun, die Seele rutscht ein paar Zentimeter hoch. Der interessante Ort, den es zu erforschen gilt, das ist nicht das Herz des Menschen, sondern sein Gehirn. Die Seele wird allenfalls als Wurmfortsatz des Gehirns noch Interesse finden. Vor uns liegt eine Zeit, in der sich Anthropologie auf den obersten Auswuchs des Rückenmarks beschränken wird.

Seit Christian Barnard in Südafrika das erste Herz verpflanzte, ist diese Region des Körpers verbrannte Erde. Dort kann man das Ich nicht mehr suchen. Der Mensch am Ende des 20. Jahrhunderts hat das Ich in die Region des Gehirns abgeordnet. Man könnte auch sagen: Das Gehirn ist der letzte Schlupfwinkel des Ich. Aber an das Gehirn adressiert sich keine Psychoanalyse und auch keine der modernen Therapieformen. Solange von Sozialisation, von Therapie etc. die Rede ist, so lange hat man eine Seele oder etwas Ähnliches vor Augen. Wenn das Gehirn zum Aufbewahrungsort des Ich geworden ist, dann kann es nur noch um Trainingsaufgaben gehen, mit der die graue Substanz auf Hochglanz gebracht wird. Wenn das Ich vom Herzen ins Hirn rutscht, dann ist die Zeit der Sozialisationsträume vorbei, und eine neobiologische Ära bricht an.

Hans Moravec, Direktor des Mobile Robot Laboratory an der Carnegie Mellan University, ist einer der Propheten des Gehirnzeitalters. Er ist der Meinung, daß es allenfalls noch fünfzig Jahre dauern werde, bis es möglich sei, menschliche Intelligenz in Roboter zu transplantieren. Die Wissenstransplantation sei schneller und praktischer als die Entwicklung von intelligenten Robotern. Bewußtsein und Intelligenz können in absehbarer Zeit auf Disketten gespeichert werden und per Modem an beliebige Orte geschickt werden. Das schließt die Möglichkeit der Kopie von Hirnen ein und auch die Fusion mit anderen Intelligenzen. »Heute verdanken viele Menschen ihr Leben einem wachsenden Arsenal von künstlichen Organen und anderen Körperteilen. Mit den stetig verbesserten Robotertechniken werden solche Ersatzteile mit der Zeit einmal das Original übertreffen.«

Moravec schwingt sich in eine Zukunft, die noch in weiter Ferne liegt. In der von ihm prognostizierten Weise ist sie auch unwahrscheinlich – man hofft auf technische und ethische Hindernisse. Aber es kann im Rahmen der rasanten technischen Entwicklungen gedacht werden: das Ich auf Diskette. Die Überspielung aller Gehirnfunktionen in einen Computer – bis der Schädel leergelesen ist. »Sie haben ein neues Ich ohne die Erfahrungen, die Sie seit Erstellen des gespeicherten Ich gemacht haben. Wenn Sie genügend Kopien von sich anfertigen, wird ein permenenter Tod höchst unwahrscheinlich.« Es wäre denkbar, »Kopien vom eigenen Ich zu erstellen«. Nun, dies ist ein Griff in die ferne Zukunft, wenn nicht sogar ein Griff in die Science-fiction-Literatur. Aber es bleibt dabei: Das Ende des Individuums, des Subjektes, kann gedacht werden. Die Kopie menschlichen Rohstoffes ist schon in die Tat umgesetzt. So inhuman die Sätze Moravecs klingen – sie bereiten jene Messe vor, die das 21. Jahrhundert feiern wird: die mikrobiologische Manipulation des Gehirns.

Was sich da anbahnt, erinnert an eine Geschichte, die sich bei Peter Sloterdijk findet:

In einer westdeutschen Mittelstadt hat sich in den achtziger Jahren dieser Vorfall ereignet: Einige tagsüber seriöse Herren, die lokalen Honoratioren also, Stadträte, Firmenchefs, Manager und Verwaltungsdirektoren, besuchen gemeinsam die Kirmes und nehmen dann – schon leicht angeheitert – in einem Restaurant ein gemeinsames Abendessen ein. Dort nehmen sie ein – so darf man vermuten – steuerbegünstigtes Geschäftsessen zu sich. Mitternacht ist vorüber, als die heftiger angetrunkene Gesellschaft das Restaurant verläßt und noch einmal über den Jahrmarkt schlendert. »In einer Dunstwolke aus Gelächter und solidarischer Bewußtseinstrübung wandern die Männer zwischen den verschlossenen Buden und den stillgelegten Fahrunternehmen hindurch, die Stimmung könnte nicht besser sein. Als die kleine Gesellschaft an dem Kettenkarussell vorbeikommt, hat einer der Herren die glänzende Idee, auf das Podium zu klettern und auf einem der Sitze Platz zu nehmen.

Die übrigen Teilnehmer der Runde greifen die Idee sofort auf und stürzen sich auf die luftigen Sitze, die in der milden Nacht an ihren Ketten schaukeln. Keiner der Herren schließt sich aus ... Inmitten der allgemein schaukelnden Fröhlichkeit hat einer von ihnen die glückliche Eingebung, sich an den Hebeln schaffen zu machen, die das Karussell in Bewegung setzen, und bevor sich einer recht besinnen kann, beginnt sich das Kettenkarussell wirklich zu drehen, fast lautlos. ... Die Sitze schwingen hoch nach außen, vor vergnügtem Schrecken schreien die Herren auf, so etwas hat man schon lange nicht mehr erlebt. Der Jubel dauert zehn Sekunden, zwanzig Sekunden, dreißig Sekunden vielleicht ... Spätestens nach einer Minute hat sich bei den Teilnehmern der fröhlichen Fahrt das eingestellt, was man eine gemeinsame Beschreibung der Lage nennt.«

Die vergnügten Schreie verwandeln sich allmählich in Hilferufe. Aber die bleiben vergeblich. Die Jahrmarktbesucher liegen schon im Bett. Die Karussellfahrer beginnen zu begreifen, daß sie mit ihrem Problem allein sind.

Das Karussell läßt sich wohl aus der Ruheposition von den Fahrgästen starten, aber nicht mehr von den Fahrgästen anhalten. Es wird berichtet, daß erst am Morgen ein Schausteller auf dem leeren Festplatz aufgetaucht sei und eher zufällig das gespenstisch kreisende Karussell mit seiner Besatzung wahrgenommen habe. Die Ohnmächtiggewordenen wurden von Polizei und Feuerwehr aus ihrer Lage befreit. Die Geretteten sollen sich zum Teil längerfristig in psychotherapeutischer Behandlung befunden haben. Einer gab sein Geschäft auf und schloß sich einer tibetischen Sekte an.

Sloterdijk schließt die Geschichte mit der kybernetischen Maxime: Schalte nichts an, wovon du nicht weißt, wie man es abschaltet. Der Schritt, mit dem jetzt die Maschinisierung des Gehirns in Angriff genommen wird, könnte uns in die Lage der Herren im Kettenkarussell bringen.

Maschinen sind zunächst einmal verlängerter Leib des Menschen: Durch die Maschinen werden die Leistungen des Menschen über das natürliche Ausmaß seiner Organe hinausgehoben. Die Maschine reckt den Arm und den Körper zu riesigen Verhältnissen, sie schwellt die Muskeln ins Gigantische und verleiht den Fingern subtilste Feinfühligkeit, sie trägt den Blick über Tausende von Meilen und leiht den Füßen die Schnelligkeit des Windes (Werner Sombart). Der Mensch vervollkommnet mit der Maschine seine Organe, er wird ein Prothesengott. Jede neue Maschine ist auch ein neues Organ.

Es kann gar keine Frage sein, daß jetzt das Gehirn dran ist. Der Computer ist der erste wichtige Schritt zur Gehirnprothese. Und für Prothesen ist kennzeichnend, daß man ohne die Prothese kaum lebens- oder bewegungsfähig ist. Wer würde daran zweifeln, daß in diesem Sinne der Computer eine schon unverzichtbare Gehirnprothese der Spätmoderne ist? Das Gehirn, das mehr als je zuvor in der Menschheitsgeschichte der Sitz der Person geworden ist, wird zum Objekt maschineller Stimulation.

Und damit wird die Person, das Individuum, das Selbst, zum Objekt mikrobiologischer Intervention. Marvin Minsky, der amerikanische Hirnforscher, hat das sehr drastisch formuliert. Begriffe wie Selbst, Identität und Ich sind altabendländische Gerüchte, allenfalls sind sie als praktische Notwendigkeiten haltbar. Es mag noch eine praktische Notwendigkeit sein, die Klammer um das Individuum zu behaupten, weil die Menschen am Ende des 20. Jahrhunderts sonst ihre Handlungsfähigkeit verlieren. Aber sachlich begründet – so Minsky – ist dieses Postulat nicht. Er macht das mit folgendem Dialog klar:

> »Sind Sie jetzt dieselbe Person, die Sie waren, bevor Sie sprechen lernten?«

»Natürlich. Wer sollte ich sonst sein?«

»Glauben Sie, daß Sie sich überhaupt nicht geändert haben?«

»Natürlich nicht. Ich meine nur, daß ich dieselbe Person bin – in gewisser Hinsicht, nicht in jeder –, aber ich bin immer noch dasselbe ICH.«

»Aber wie können Sie dasselbe Ich sein wie die Person, die Sie waren, bevor Sie auch nur gelernt haben, sich an Dinge zu erinnern? Können Sie sich auch nur vorstellen, wie das war?«

»Vielleicht kann ich das nicht – aber es muß eine gewisse Kontinuität gegeben haben. Selbst wenn ich mich nicht daran erinnern kann, bin ich sicherlich auch jene Person gewesen.«

Wir alle haben das Gefühl der Unverändertheit – so sagt Minsky – trotz aller Veränderungen; nicht nur in bezug auf die Vergangenheit, sondern auch auf die Zukunft. Bedenken Sie, wie großzügig Sie auf Kosten des jetzigen dem zukünftigen Selbst gegenüber sind. Sie tragen heute Geld auf die Bank, damit Sie es später wieder abheben können. Wann hätte Ihnen Ihr künftiges Selbst je eine solche Wohltat erwiesen? Sind Sie die Verkörperung dieser Erinnerungen, deren Bedeutungen sich nur langsam ändern? Sind Sie der nie aufhörende Nebeneffekt all Ihrer früheren Erfahrungen?

Bis vor kurzem haben wir uns die philosophischen Köpfe noch über die Frage zergrübelt, ob das Subjekt entfremdet oder entzweit ist. Inzwischen ist die Frage dringlicher geworden, ob es das Subjekt überhaupt noch gibt, wenn das Gehirn zum Anhängsel oder Bearbeitungsfeld einer Maschine wird.

Ein kleiner Hinweis auf die kommende Stimulation und Manipulation des Hirns sind die Mind-Machines, die sich in den USA und auch bei uns zunehmender Beliebtheit erfreuen. Mit Hilfe von Licht- und Tonsignalen, die durch eine Brille und Kopfhörer übertragen werden, sollen sich streßgeplagte Manager anstrengungsfrei entspannen. Vielleicht sind die Mind-Machines eine Art akustisch-optische Umweltverschmutzung. Vielleicht besteht ihre (Placebo-) Wirkung darin, daß man sich etwas leistet, was die anderen nicht haben und was die sich durch mühsames autogenes Training erwerben müssen.

Vielleicht aber bewirkt dieser Elektroschamanismus das, was Schamanen schon immer versuchten zu bewirken: Die haben sich und andere durch Trommeln in Trance versetzt, in einen Zustand der Selbstauflösung. Knüpfen die Mind-Machines daran an? Dann würde sich in dem Augenblick, in dem der Mensch das Hirn in seine Regie nimmt, eine neue Zeit ankündigen: Ablösung des altabendländischen Individuums zugunsten von kopierbaren, stimulierbaren, sich verknüpfenden Hirnen mit Körperanhang.

Apoll steht in der Antike für die geprägte Form, für die runde Individualität. Apoll, der sich in die Hände der Hirntechnik begibt, der zur Gehirnprothese greift, markiert das Ende des runden abendländischen Individuums, das in einem langen Prozeß der Befreiung entstanden ist. Die Antike kennt nur eine Alternative zu Apoll: Dionysos. Der wilde Dionysos war es, der das Lebendige vor dem normalisierenden Ich schützt. Das Symbol der Ichauflösung ist Dionysos, der in Stücke gerissen und zur Suppe verkocht wird. Kehrt dieser Dionysos wieder: als Dionysos des 21. Jahrhunderts, der zerfließt im Fluß der Informationen, der sich auflöst in genetischen Codes? Turnt der neue Dionysos in den Netzen der Informationsgesellschaft, fliegt darin herum, während sich Apoll nur im Glasfaserkabel verfangen kann wie Laokoon in den Schlangen?

Und ist das dann vielleicht das letzte Wort: daß Individualität zur Horrorvision wird, zur Erinnerung an depressive

Abstürze aus aufreibenden Beziehungskriegen? Währenddessen erlebt das postindividuelle Wesen eine Transsubstantiation: seine Verflüssigung, seine Vergottung. Sind wir dann endlich da, wo Schopenhauer hinwollte? »Aber das bessere Bewußtseyn in mir erhebt sich in eine Welt, wo es weder Persönlichkeit, noch Kausalität, noch Subjekt und Objekt mehr gibt.«

# Individuum mit Netzanschluß

## Vom Eiweißberg zum High-Tech-Humanoiden

Je schneller das Individuum vor unseren Augen zerfällt, desto krampfhafter die Versuche, es zu beschwören: »Schaust du weg von dem Fleck, ist der Überzieher weg.« Eben gab es noch gläubige Christen und sorgende Väter. Eben gab es noch identifizierbare Autoren und Künstler. Ehe man sich's versieht, ist ihre Zeit abgelaufen. Je schneller das, woran man ein Individuum erkennen konnte und woran es sich selbst als Individuum wahrnahm, verschwindet, desto rasender müssen die vom Verschwinden bedrohten Individuen um ihre Einzigartigkeit kämpfen. Als Christ oder als Vater oder als Handwerker war noch vor fünfzig Jahren das Profil des Individuums in seinen Rollen klar geschnitten. Was bleibt aber, wenn der Lebensweg nicht mehr in Gottes Hand liegt? Wenn die Familie – statt Zuflucht zu bieten – das Schlachtfeld ist, auf dem Beziehungskriege ausgetragen werden?

Wohin fliehen, um sich der eigenen Person noch gewiß zu sein? Für manche führt der Fluchtweg in die Parfümerie, die Boutique, die Galerie. Dort kann man Exklusivität kaufen. Die Rolle als Christ oder als Vater sondert nur noch für wenige den süßen Honig Sinn ab. Nicht als Christ oder als Familienvater kann ich mich als Individuum erkennen, wohl aber als Käufer von Gaultier und Joop! Die letzte Instanz, die Individualität verspricht, ist der Werbespot. Dort ist das Wort »Individualität« noch zu Hause. Und nur die Verkäuferin spendet noch den Rat, der zur persönlichen Note führt.

Die Exklusivität des Konsums verschafft dem Individuum die Illusion der Einzigartigkeit. In uns können wir die Einzigartigkeit nicht mehr spüren, deshalb muß sie als Kleid am Leibe getragen werden, als avantgardistische Grafik an der Wand hängen oder sich als Logenkarte für das ausverkaufte Horowitz-Konzert konkretisieren. Individualität wird zum Dekorationsakt. Nur wer es schafft, beim Wettlauf um den letzten Schrei an der Spitze zu laufen, wahrt seine Einzigartigkeit. Individualität gibt's demnach in der Schnelligkeit, mit der neue Trends aufgefaßt und angeeignet werden: Identität entsteht aus Beschleunigung und ist stabil nur so lange, wie die Geschwindigkeit gehalten werden kann. Wer langsamer wird, verliert sich: Individuum mit Verfallsdatum. Der abschätzige Blick auf die IKEA-Mallorca-Toyota-Persönlichkeit schafft die Gewißheit, einzig zu sein. Der Unterschied zwischen den Individuen schrumpft auf die unterschiedliche Kaufadresse. Individualität kann man kaufen. Vielleicht kann man sie nur noch kaufen.

Das avantgardistische Bild, der Designertisch, die Exklusivreise sind Lebensmobiliare, die dem blaß gewordenen Individuum Farbe verleihen sollen. Individualität als Dekoration. Besser noch: als Verpackungsakt. Behängt mit Waren, verschnürt wie ein Christo-Kunstwerk, kann eine Zeitlang noch verborgen werden, daß es sich um eine Mogelpackung handelt. Identität aus dem Warenkatalog ist keine. Der Kaiser der Individualität ist nicht nackt; er ist überhaupt nicht da. Nur so ist es wohl zu erklären, daß dieses Individuum, das im wesentlichen durch seine Kleidung zusammengehalten wird, zunehmend bearbeitet wird: das Muskelfleisch und die Speckrollen mit der Fitneßmaschine, die Falten und die Nase mit dem Messer des Schönheitschirurgen. Aber damit ist noch lange nicht Schluß. Der Fitneßtrainer steht vor dir. Der Nasenschneider ratschelt an dir. Aber der Herzschrittmacher wohnt in dir. Das ist der Weg, auf dem wir gehen, der eine immer innigere Symbiose von Mensch und Maschine einleitet. Und es werden langfristig keineswegs nur solche Maschinen sein, die kranke oder verbrauchte Organe ersetzen. Man sehe sich die kurze Geschichte des Kopfhörers an: Am Anfang ein Apparat so groß wie eine Untertasse. Mit dem Walkman wurde der Kopfhörer so klein wie ein Knopf. In den neuesten Exemplaren sitzt er wie ein Tropfen im Ohr. Ist er auf dem Weg durch das Trommelfell ins Innere des Kopfes? Direkter Satellitenempfang zum Beispiel, der Kopf als Resonanzkörper? Die Vermutung, daß die Verschmelzung von Mensch und Maschine noch viel weiter gehen kann, nährt sich auch von der Aussicht, daß die Maschinen selbst weicher, organischer werden: Den »harten« Computern steht die Integration von Biomasse bevor, die sie schneller machen wird. Die Grenzen zwischen Stahl und Eiweiß verschwimmen. Und dann ist der Übergang von der Reparatur des Menschen durch Maschinen eröffnet zur Innovation: Die Aufgabe der Neukonstruktion des Menschen stellt sich.

Wer alt genug ist, erinnert sich an die Bilder, die vom Selbstversuch des Chirurgen Werner Forßmann gezeigt wurden: Er schob sich durch eine Ader einen Katheter in den Körper, um seine Herzkammern auszuspähen. Er war ein Livingstone der Medizin: ein Pionier, der einen vorerst schwierigen Weg in das unbekannte Innere des lebenden Körpers legte, auf dem ihm dann viele folgten. Heute ist die fotografische Invasion in den Körper so weit gediehen, daß die weißen Flecken getilgt sind. Der winzige Fotoapparat, der heute Adern, Magen und Herz inspizieren kann, erinnert an die Pioniere. Der kleine Apparat, der Katheter, der Fotoapparat ist der Pionier im Körper, der die Landschaft auskundschaftet, in der die Maschinen ihren Ort finden sollen. Die Installation von Maschinen im Körper ist Routine geworden – es ist nur die Frage, wie weit diese Ausstattung der Biomasse Mensch mit technischer Hardware gehen kann. Der Herzschrittmacher, der Nagel im Knochen, die Pumpe an Stelle der linken Herzkammer und was noch alles? Angefangen hat es mit Maschinen, die an den Patienten angehängt wurden: Die Herz-Lungen-Maschine, ein Apparat wie eine Lokomotive, begrub den Menschen unter sich und sperrte ihn ein. Wie weit kann dieser Prozeß vorangetrieben werden? Werden die Körperteile des Menschen immer mehr durch technische Hardware oder Bioprothesen ersetzt?

Der Philosoph Günter Anders hat von der prometheischen Scham des Menschen angesichts seiner Maschinen gesprochen. Die Maschinen demütigen den Menschen, weil sie – in ihrer glitzernden Unvergänglichkeit – dem Menschen den Spiegel der Vergänglichkeit seines Leibes vorhalten. Die Inkorporation von Maschinen ist eine Variante des Kannibalismus: Wir wissen, daß Primitive sich ihre verstorbenen Verwandten oder besiegte Krieger einverleibten, um den Geist und den Mut zu erben. Wenn die Menschen beginnen, Maschinen zu fressen, dann ist das die technische Variante des alten Kannibalismus. Die Maschinen, die nun im Körper wohnen, sollen ihre Dauerhaftigkeit auf den Menschen übertragen. Der Techno-Kannibalismus ist ein Versuch, die prometheische Scham zu überwinden. Was? Die Maschinen sind dauerhafter als der verwesliche Körper? Dann müssen wir das hinfällige Fleisch durch unvergängliche Hardware ersetzen.

Noch kommt der Mensch als Sanierungsprojekt auf die Welt. Aber die medizinischen Preßlufthämmer, die jene fleischlichen Altlasten beseitigen werden, rattern schon. Um die menschliche Altstadt wird schon der Cityring – er nennt sich Bypass – gelegt, im Innersten wachsen schon die medizinischen Verwaltungszentren (Herzschrittmacher & Co.) und sorgen für geordnete Abläufe im Leib.

Im griechischen Mythos wandeln bisweilen die Götter auf

Erden, um sich mit Menschen zu vereinigen. Aus der Zeugung der Götter mit Menschen entstehen Kinder, die am Tisch der Götter sitzen: unsterblich. Diese Unsterblichkeit der Götter versuchen die Menschen heute durch die Vereinigung mit Maschinen zu verwirken. Die Vergottung des Menschen entsteht aus der Kopulation von Mensch und Maschine. Die Symbiose von Mensch und Maschine soll jenes neue Geschlecht hervorbringen, das die Vergänglichkeit und Erdgebundenheit des Altmenschen überwindet.

Sind die Menschen also dabei, uralte Träume endlich zu realisieren? In Mexiko steht eine Steinskulptur. Sie stellt einen aztekischen Priester dar, der sich die Haut eines geopferten Menschen über den Leib gezogen hat. So repräsentiert er den Frühlingsgott Xipe Totec. Wie lange wird es dauern, bis wir dauerhafte Kunsthaut an die Stelle der runzlig werdenden über unseren Leib ziehen können? In einem Bild, das das tibetische Totengericht darstellt, hat Dharmaraja, der Richter der Toten, ein drittes Auge auf der Stirn. Wie lange wird es dauern, bis wir Gliedmaßen ersetzen, ergänzen und verbessern? In der Kunst wird diese Zukunft vorweggenommen. STELARC – früher hätte man gesagt ein Künstler – hat einen Menschen mit einem Maschinenarm konstruiert, führt ihn vor. Damit nimmt er die weitere Invasion der Technologie in den menschlichen Körper vorweg.

## Exodus aus dem Fleisch?

Der schöne neue Mensch – wie wird er aussehen? Werfen wir einen Blick aus dem Büro künftiger Menschenkonstrukteure auf den real existierenden Homo sapiens. In diesem Büro wird man sich nicht mehr mit der Herstellung von Prothesen und Ersatzteilen zufriedengeben. Ist der Zweifüßler, der auf Luft und Nahrung angewiesen ist, der über 1400 ccm Gehirn verfügt, eigentlich eine adäquate Bioform? Der Körper ist so, wie er ist, ein Massenprodukt, der aber im Gegensatz zu normalen Massenprodukten – wie dem Golf – nicht einmal austauschbare Aggregate aufweist. Entweder also der Mensch wird zu einem erneuerbaren Massenprodukt umgebaut, bei dem auf routinierte Weise Verschleißteile durch technische Präparate ersetzt werden. Oder man wird es auf Exklusivmodelle anlegen, auf eine Erweiterung der Körpermöglichkeiten. Ein dritter Arm könnte praktisch sein, der dann gelenkig in jede Richtung wäre, zudem natürlich unempfindlich gegen radioaktive Strahlen oder Hitze – einsetzbar in postmodernen Steuerfunktionen. Adaptabilität des Menschen an die Maschine heißt die Devise. Was ist schon jetzt so überflüssig wie der Blinddarm? Das Gedächtnis zum Beispiel. Der Mensch kann sich auf die Organisation der Information konzentrieren. Wissen anzuhäufen ist nicht mehr seine Sache, das können Computer besser. Flusser streicht es heraus: Der Mensch ist kein Speicher mehr, sondern ein Verbindungsteil zwischen den Speichern. Der Mensch wird zum Netzteil, eine vorübergehende Verdichtung im Netz der Informationen. Ein Knotenpunkt. Jetzt, am Ende des 20. Jahrhunderts, sitzt der Mensch noch da und ist umgeben von seiner neuen elektronischen Familie: dem TV, dem Video, dem PC, dem Telefax. Aber je mehr sich diese elektronische Verwandtschaft – mit Hilfe des Glasfaserkabels zum Beispiel – verknüpft, desto mehr reduziert sich die Rolle des Menschen darauf, ein Teil dieses Informationsnetzes zu werden. In diesen Netzen kann er seinen Ort wechseln, kann an diesem Knoten oder an jener Verknüpfung sich ankoppeln. Der Nachfolger des Altmenschen reist wie ein Cyberspace-Cowboy durch die weite Prärie der Informationslandschaft und rastet mal hier, mal da.

Dieses hybride Wesen, das da auf dem Reißbrett neu entworfen wird, hat schwindende Bedeutung für die Produktion von Waren oder Dienstleistungen. Der Hybrid-Anthropos ist nicht ein Arbeitsautomat, wie ihn der Film »Metropolis« in den zwanziger Jahren phantasiert hat. Der Hybrid-Anthropos ist nicht perfekter Produzent, sondern perfekter Konsument. Und zwar vor allem Konsument von Medienangeboten. Medienangebote? Konsument? Das sind schon falsche, altmodische Worte. Die Medien entfalten Räume, und diese Räume sind die Heimat der Zukunft, sie sind Tempel, wie es Tempel im antiken Korinth gab: Orte der Religion und der Unterhaltung zugleich. Man könnte auch sagen: Die Medien werden die Stellvertretung Gottes auf Erden sein. Gott ist nicht mehr zu finden in seinen alten Stellvertretern, im Christus am Kreuz oder in der Autorität des Familienvaters. Er ist nicht mehr im Rausch der Sexualität und nicht mehr in den Heilslehren und Ideologien der Menschen zu finden. Das waren – wie in der avantgardistischen Zeitschrift »Warten« zu lesen ist – alles Fleischkulte: der Kult des Hungers, der Gewehre, der Angst und des Körpers. Mit der Alleinherrschaft der Medien verläßt der Mensch die fleischliche Hülle. Die allgegenwärtigen und allmächtigen Medien schaffen Räume, in denen das Individuum sich aufzulösen vermag, in denen es mit anderen in Zeit und Raum uniform wird. Die Medien sind der schnelle, der körperlose Tempel. Das Medium ist die Peitsche, nach der die Süchtigen lechzen (»Warten«). In den Medienwelten kann sich das Hirn auch bewegen ohne die lästige Erdenschwere des Fleisches. So wie heute die Menschen von der Schwerkraft im Leben gehalten werden, so wird das Feld, das die medialen Welten errichten, der Bezugrahmen der Menschen, die nach uns gemacht werden, sein.

Ausstellung in Bonn. Gezeigt werden Zeichnungen der Buschleute, die 20 000 bis 30 000 Jahre alt sind. Sie befinden sich in versteckten Höhlen des Brandbergs, der in Namibia mitten in einer Wüstenlandschaft sich erhebt. Magische Zeremonien, Jagden, Tiere sind in Tausenden von Bildern erhalten. Ein deutscher Wissenschaftler hat jahrelang unter mühseligen Bedingungen die Zeichnungen kopiert. Nun sind seine Jünger dabei, die Zeichnungen auszuwerten. In der Ausstellung ist auch ein Computer aufgebaut. Er enthält Tabellen, aus denen man wählen kann: Buschmann oder -frau, stehend, sitzend, liegend; mit Speeren oder Korb. Mit einer »Maus« tippt der Besucher das Gewünschte an, und der Computer zeichnet dann die erdachte Figurenkonstellation. Das dient der Auswertung der vielen tausend Zeichnungen, aber es ist eben auch der Augenblick, in dem der Zuschauer sich seine Buschmannzeichnung selber erschaffen kann. Auch die Steinzeit wird simuliert.

Französische Intellektuelle – Baudrillard und andere – haben vom Verschwinden der Wirklichkeit geredet. Wir haben es immer mehr – so sagen sie – mit Scheinwelten zu tun. Während des Golfkrieges war das besonders deutlich: Der Krieg war ein Medienkrieg. Nicht nur in dem Sinne, daß es einen Kampf um die Erstberichterstattung gab. Der Krieg schien überhaupt in den Medien stattzufinden, spannender als ein Fußballmatch. Wann ist der Fernsehzuschauer bereit, nächtens aufzustehen, um fernzusehen? Für eine Mondlandung, für Boris Becker, bei den Olympischen Spielen und während des Golfkrieges. Wirklichkeit und Scheinwelt verschwimmen. In den USA fanden während des Golfkrieges solche Videospiele reißenden Absatz, in denen die militärischen Aktionen nachgespielt werden konnten, ja vor-erprobt wurden.

Während des Golfkrieges konnte man einen Vorgeschmack auf VR bekommen. VR ist Virtual Reality. Ist die Scheinwelt, in der wir morgen arbeiten und uns vergnügen werden. Computer können kybernetische Räume dreidimensional simulieren: eine Marslandschaft oder das Innere eines Menschenkopfes. Cyberspace heißt das. Noch ist die Installation nicht perfekt, die Ausrüstung teuer: Spielotheken und das Militär sind vorläufig die Hauptinteressenten. Für Cyberspace braucht der Benutzer ein EyePhone. Im Computer wird die gewünschte Szenerie erzeugt, dann wird sie über Kabel auf zwei winzige Bildschirme übertragen, die der Mensch als – umgekehrte – Brille aufsetzt. Der stereoskopische Effekt ist überwältigend. Das Individuum scheint sich in einem dreidimensionalen Raum zu bewegen. An den Händen trägt der Benutzer einen DataGlove. Mit diesem Datenhandschuh greift der Mensch in die künstliche Wirklichkeit ein. Kann dort ein Spiel spielen, eine Raumfähre steuern, einen Gehirntumor besichtigen. Bei aufwendigeren Installationen reicht nicht der Handschuh, sondern man steigt in einen DataSuit, einen Datenanzug. Die Anwendungsmöglichkeiten reichen – wie sich leicht vorstellen läßt – vom Scheinarbeitsplatz bis zum gefahrlosen Abenteuer. Manches gibt es schon: den virtuellen Arbeitsplatz zum Beispiel. So kann sich der Biochemiker ein dreidimensionales Molekülmodell erzeugen lassen. Ein Roboterarm erlaubt es dann, potentielle Medikamente im Scheinlabor zu konstruieren. Sehr schnell wird es möglich sein, die Außenarbeiten an einem Raumschiff zu simulieren oder ein erkranktes Organ vor der Operation zu inspizieren und Operationsmöglichkeiten zu erörtern. Die Simulationschirurgie eröffnet jenen Raum, in dem sich Gentechnologie und Virtual Reality die Hand reichen zum gemeinsamen Versuch, Menschen neu zu modellieren. Die Menschenkopie ist in Cyberspace – so scheint es – eher erreichbar als in der Gentechnologie. Wo werde ich zuerst mich selbst antreffen können? In der Scheinwelt von Cyberspace oder als fleischlicher Klon, aus dem Labor entsprungen? Skeptiker seien daran erinnert, daß sich im Telefon die Stimme eines Menschen von seinem Körper löst und um die Welt geschickt werden kann. In Cyberspace-Zukünften werden wir zwar im Sessel sitzen bleiben, aber unser Körper wird in anderen Räumen weilen. Aber noch mehr: Das Individuum kann sich in Cyberspace eben auch verwandeln – in einen Hummer, einen Löwen, einen Engel, in ein Phantasiewesen. Die Gewöhnung an die Variabilität des Körpers wird zu den Dingen gehören, die gelernt werden. Jaron Lanier – ein Cyberspace-Avantgardist (Haffner und Menzel berichten über ihn) – hat zum Beispiel einen Geburtskanal geschaffen, durch den man sich schleusen kann, um geboren zu werden. Vielleicht diesmal als Frau? »In der virtuellen Realität ist das ganze Universum Ihr Körper und die Physik Ihre Sprache«, sagte er. Schnell gewöhnt sich ein Cyberspace-Benutzer an seinen neuen, immateriellen Körper. Er kann, ehe er sich's versieht, einen um 100 cm verlängerten Arm kontrollieren. Noch einmal fällt auf, wie hier die Ideen der mikrobiologischen Menschenzüchter und die der Cyberspace-Spieler konvergieren: Die Körpervergrößerung ist in der Gentechnologie schon ansatzweise gelungen. Die Modifikation von Gliedmaßen ist eine Frage der Zeit. Und in Cyberspace ist das alles schon möglich – jetzt. Cyberspace ist der Raum, in dem die mikrobiologischen Revolutionen durchgespielt werden können. Hier kann die Interaktion von Mensch und Maschine perfekt eingeübt werden.

Wer sich eine Zeitschrift der fünfziger Jahre ansieht und nach Beiträgen sucht, in denen phantastische Entwürfe gezeichnet werden über die Welt am Ende des 2. Jahrtausends, der wird Bilder finden, auf denen die Menschen in kleinen Maschinen durch die Luft fliegen. Da wird alle

Hausarbeit von Robotern erledigt usw. Die Tatbestände am Ende des 20. Jahrhunderts lösen diese Zukunftsbilder ein und enttäuschen sie zugleich. Die Roboter laufen nicht mit dem Staubsauger durch die Wohnung; der Golf hat immer noch nicht fliegen gelernt. Aber in Cyberspace arbeitet man derweil mit Telerobotern, die alles das können, was man früher phantasiert hat. Nur sind sie nicht aus Stahl oder Plastik, sondern aus elektronischen Impulsen gebaut, existieren in der Virtual Reality. Und fliegen – das kann man schon in jeder Videothek, aber erst recht und mit Gefühl in Cyberspace.

Seit der Französischen Revolution ist ein Kampf um die Freiheit der Meinungsäußerung geführt worden. Könnte es sein, daß im nächsten Jahrtausend die Front eine andere ist – hier die konservativen Anhänger der gewohnten Menschenform, dort die Revolutionäre, die gegen die herrschenden Ökoreaktionäre die Befreiung des Individuums aus seiner überholten Form fordern? Nicht um die Freiheit der Meinungsäußerung wird es gehen, sondern um die Freiheit von der gewohnten Körpergestalt des Menschen. Prozesse werden geführt werden, die es zunächst einzelnen Aufständischen erlauben sollen, die gewohnten Grenzen der Humanoiden zu verlassen. So werden sie argumentieren: Ein Mensch mit zwei Füßen, zwei Händen, zwei Augen, 1400 ccm Hirn ist dem posthumanen Zeitalter nicht adaptiert. Er wird produziert in unhygienischen menschlichen Brüterinnen, und während jeder Konsumartikel auf Umweltverträglichkeit und Durabilität, auf Recycelbarkeit etc. getestet wird, beschränkt man sich bei der Produktion von Humanoiden immer noch auf den Vorsorgepaß, auf die genetische Korrektur von Erbkrankheiten und kleinere, fast nur kosmetische Eingriffe (Geschlecht, Haut- und Augenfarbe, Körpergröße etc.). Die Transplantationstechnik – so wird es heißen – sei weit fortgeschritten, würde aber durch restriktive Gesetze auf die Ebene der Reparatur begrenzt, statt in den Bereich der Innovation vorzustoßen. Die Vorabaussonderung von Mißgeburten – Fehlexemplaren – ist perfekt, aber der nächste Schritt zur Optimierung und Adaptabilität steht aus: Freiheit für das Menschendesign. Die Menschenzüchter sind längst weiter, aber die Umsetzung ihrer Möglichkeiten wird behindert durch die herrschenden Ökokraten, durch den Einfluß der konservativen, grünschwarzen Allianzen. Was die Menschenzüchter tun, tun sie heimlich, im öffentlicher Kontrolle entzogenen Labor. Man sieht zurück auf einen Musterprozeß aus dem Jahre 1991, in dem ein amerikanischer Mathematiker in Santa Barbara geklagt hatte: Er wollte schon vor seinem Tod seinen Kopf abtrennen und einfrieren lassen, um ihn eines Tages wieder auf einen Körper aufzupflanzen, wenn die Medizin weit genug fortgeschritten sei, um seinen Gehirntumor zu heilen. Donaldson setzte sich durch, aber er konnte nicht zum Leben erweckt werden, weil die Gefriermethoden des 20. Jahrhunderts fehlerhaft waren. Jetzt aber laufen Prozesse, in denen die Möglichkeiten der Menschenoptimierung zur Debatte stehen. Die Menschendesigner könnten direkte Verknüpfungen von Hirnen und Maschinen ermöglichen. Sie könnten das Hirn aus dem Körper entkernen und durch die Verknüpfung mit Maschinen außerordentlich langlebig machen. Sie könnten Hochleistungskörper für den Sport produzieren und fast jede Körpererweiterung, die gewünscht wird, durchführen. Und schließlich werden die Dämme brechen, und die ersten Individuen werden sich in Kliniken begeben, um sich optimieren zu lassen. Oder sich kopieren zu lassen. Oder ...

Die Menschen, die da um die Freiheit zur Innovation klagen, können so argumentieren: In einem langen Prozeß haben sich die Menschen aus Bevormundungen herausgearbeitet. Erst von religiösen, dann von sozialen Bevormundungen. Die letzte Autonomiegrenze liegt nun in der Körperbevormundung. Die Avantgarde will sich lösen von diesem Altmenschen und verlangt die optimierte Neukonstruktion. Die Konservativen argumentieren mit den Glaubensvorstellungen des 20. Jahrhunderts. Die Menschenoptimierung würde das Ende von Liebe, Aggression, Sexualität bedeuten. Na und? Die Avantgarde besteht auf dem Recht, sich in die neuen körperlichen, sozialen und religiösen Schutzhüllen zu begeben, die jene allmächtigen Medienwelten bieten. Die Passivität im Medientaumel sei die wahre Erlösung. Sie berufen sich auf die religiösen Mystiker – Tauler vor allem –, die im Mittelalter eine Verschmelzung des Menschen mit Gott gepredigt hatten. Jetzt – so wird gesagt – kann dieser Traum erfüllt werden. Alles, was der Mensch verloren hat im Laufe seiner Geschichte: Gott, Familie, Körper, das kann er nun in elektronischen Welten zurückgewinnen: von der Schwerkraft zum Informationsfeld, in dem das Individuum schwebt. Das Credo der Avantgarde wird lauten: Das Medium ist die Haut unserer posthumanen Erfahrung. Angesichts des weltweiten Körpers der Medien, angesichts des Imperiums der Medien und ihrer elektronischen Gewalt ist es Zeit, sich zu zerstreuen, sich zu desynchronisieren: zerfließen in Ohnmacht und Demut. Die letzten Worte dieses Credos werden heißen: Zerstreuung, Auflösung, Verschwinden. Exodus aus dem Fleisch.

# Schwarze Medizin

## Die Vetreibung Gottes aus dem Paradies

Am 12. September 1940 versuchte der achtzehnjährige Marcel Ravidat, ein Erdloch in der Dordogne zu erforschen, das durch einen entwurzelten Baum entstanden war. Ravidat kroch durch das 80 cm breite Erdloch, fiel ein kleines Stück. Er entzündete eine Lampe, um die Höhle, die sich vor ihm auftat, zu erforschen. Er und seine Gefährten entdeckten einen Schatz aus Tausendundeiner Nacht. Sie befanden sich in der »Sixtinischen Kapelle« der Vorzeit. Sie hatten atemberaubend schöne Bilder aus der Rentierzeit, dem jüngeren Paläolithikum, entdeckt. Die Höhlenbilder von Lascaux, die etwa 30 000 Jahre alt sind, führen uns an die Anfänge der Geschichte des Homo sapiens zurück.

Die rätselhaften, die wunderschönen Kunstwerke von Lascaux stellen Tiere dar. Der Mensch verschwindet in diesen Malereien – wie Georges Bataille sagt – hinter den Tieren. Der Mensch der Rentierzeit hat ein wunderbares Bild des Tieres hinterlassen, aber überall da, wo er sich selbst dargestellt hat, hat er sich hinter der Maske des Tieres verborgen. Der Augenblick, in dem der Blitz der Kultur den Homo sapiens trifft, ist der Augenblick, in dem er sich vom Tier unterscheidet. Sich selbst kann er oder will er nicht darstellen. Aber die Bilder von Lascaux ziehen mit ihren genialen Linien die Grenze zwischen Mensch und Tier. Dem Tier, das göttliche Verehrung genießen kann und – wie wir aus Berichten von Jäger- und Sammlergesellschaften schließen können – als Beutetier in den Bann gezogen werden muß.

Der Trennungsstrich zwischen Mensch und Tier ist die älteste kulturelle Einkerbung in dieser Ansammlung von Zweifüßlern, die auf dem Wege zur Gesellschaft sind. Unmittelbar zu diesem Anfang – der Trennung vom Tierischen – gehört die Erkenntnis, daß es Beginn und Ende des Lebens gibt. Das Wissen um Geburt und Tod konstituierten den Menschen im Unterschied zum Tier. Die Kulturgeschichte beginnt damit, daß einerseits die Zeugung des Lebens und andererseits der Tod eine religiöse Erhöhung erfahren. Der Mensch, der seine Toten beerdigt, sie nicht als Fleisch in der Landschaft liegenläßt, der Mensch, der diese Gebeine von anderer Materie unterscheidet, der hat den Strich, der Mensch und Tier trennt, verstärkt, hat die Gravur tiefer geritzt.

Und am anderen Ende des Lebens: Die Geburt des Kindes ist nicht mehr nur Wachstum der Herde, sondern Fortführung des eigenen Lebens in den Nachkommen. Aus der Herde wird Gesellschaft, wenn die Generationen in ein Verhältnis zueinander treten.

Geburt und Tod sind die Ränder des Lebens, auf die sich die religiöse Aufmerksamkeit in der Frühzeit des Menschen konzentriert. Dort grenzt das Leben an göttliche oder höllische, jedenfalls an unbekannte Orte. Diese Grenzorte sind mit Riten und Mythen reich ausgestattet. Wo sich einst das religiöse und magische Interesse in Geburt und Tod konzentrierte, da sind heute medizinische und wissenschaftliche Praktiken konzentriert. Mit geradezu religiösem Fanatismus wird dabei aus dem »Geschehen« das Gemachte. Zeugung und Geburt werden Taten, die wissenschaftlich geplant, beobachtet und kontrolliert werden können. Die Überwachung des Todes als die Aufzeichnung von erlöschenden Hirnströmen ist die technische letzte Ölung. Sie macht aus dem Tod ein auf dem Bildschirm sichtbares, meßbares Ereignis.

Insofern könnte man denken, daß sich seit Lascaux nichts geändert hat. Aus dem Gemurmel des Schamanen, der Geburt und Tod dekoriert, ist der Medizinmann geworden, der mit Ultraschall und EEG dem Anfang und dem Ende einen rituellen Rahmen gibt. Aus den geworfenen Knöchelchen ist nun die Bildschirmapparatur geworden. Das nährt den Verdacht, daß wir Postmodernen uns von den sibirischen Jakuten oder den Künstlern von Lascaux so sehr weit nicht entfernt haben. Schamane und Medizinmann: Sind sie einig in der Illusion, auf Anfang und Ende des Lebens einen Einfluß zu haben?

Aber ein anderer Blick eröffnet ungeheure Entfernungen zu den Anfängen der Menschheit. In einem langen Prozeß hat der Mensch die Kerblinie zwischen sich und dem Tier vertieft. Er hat sich immer weniger als einen Teil der Natur begriffen, sondern sich ihr gegenübergesetzt und sie geformt. So erfolgreich ist dieser Zweifüßler, daß er nicht nur mit fünf Milliarden Exemplaren weltweiter Hauptkonsument der Natur geworden ist. Er ist dabei, Pflanze und Tier ausnahmslos in seine Regie zu nehmen. Es ist ihm gelungen, die Natur abzuschaffen. Die Erde ist zu einem universalen Supermarkt umgestaltet. Die paar hunderttausend Menschen, die zur Zeit der Höhlenmaler die Welt durchstreiften, sie waren in der Defensive, waren Teil einer im wesentlichen sie bestimmenden Natur. Der Mensch grenzte kleine Inseln aus, die seine Kultur der Natur abrang.

Nicht weniger bedeutungsvoll als der Faustkeil ist die Erfindung, nach der sich der Mensch als ein soziales Wesen begreift. Diese Idee entsteht auf kleinen Inseln der Kultur inmitten der Natur. Die Idee besagt: Daß der Mensch ist, was er ist, kommt aus dem Umgang mit anderen Menschen. Mit dieser Idee entsteht das Individuum. Es kann so sein, aber auch anders. Es ist kein Gnu in einer Herde von Gnus, sondern ein besonderes Wesen. Diese Idee löst Stück für Stück das Individuum aus der kollektiven Herde. Aber die Idee führt – wie beschrieben – zu einer Ich-Explosion. Sie führt dazu, daß sich das Individuum schließlich absolut setzt, daß es sich aus seinen sozialen Bedingungen löst – und damit in die Gefahr gerät, sich selbst aufzulösen.

Wir befinden uns an der Wasserscheide, wo dieser Aufstieg des Individuums seine kritische Grenze erreicht. Nachdem der Mensch sich alle Natur untergeordnet hat, nachdem er sie verbraucht, verwaltet und recycelt, ist alle Natur auf dem Wege, Verbrauchsgut zu werden.

Und dies ist der Augenblick, in dem der Mensch beginnt, sich selbst als Rohstoff zu begreifen.

Der schon zitierte Leiter des Pariser Genforschungsinstitutes, Kourilsky, sagt:

> »Ein Aspekt der Zukunft, der gerade im Begriff ist, Wirklichkeit zu werden, besteht darin, daß die Gentechnologie Moleküle menschlichen Ursprungs produziert, was bisher unmöglich war.«

Selbst Gehirnzellen werden bereits gezüchtet. Der Mensch wird machbar von seinen kleinsten Bestandteilen an aufwärts. Und damit ist er als Biomasse vom Tier nicht mehr unterschieden. Die Kollektivität der Urzeit, die vor der Entstehung des Individuums bestand, kehrt unter dem mikrobiologischen Mikroskop wieder: Wir sind alle Biomasse, Rohstoff. Es ist Zeit, das zu begreifen.

Erst hat sich der Mensch vom Tier, dann das Individuum vom Kollektiv geschieden. Schließlich hat sich das Ich als sozial formbare und damit auch veränderbare Person begriffen. Und nun noch ein Schritt. Nicht Götter und Gesellschaft formen dieses Individuum. Der Mensch beginnt, sich selbst aus der Biomasse neu zu formen. Die Betrachtung des Menschen als eines sozialen Wesens wird aus mikrobiologischer Sicht zu einem Aberglauben des 20. Jahrhunderts. Ist das der vierte große Zusammenbruch? Die Sonne kreist nicht um die Erde (Kopernikus). Der Mensch stammt vom Affen ab (Darwin). Der Mensch ist nicht Herr im eigenen Haus (Freud). Und nun: Diese drei angeblichen Zusammenbrüche sind geradezu harmlos, verglichen mit dem mikrobiologen Attentat: Der Mensch ist kein abgegrenztes Individuum, sondern eine Biomassenkonstellation – ein Hautsack, gefüllt mit Genmaterial.

Wir wissen heute nicht, wie weit der Prozeß der Menschenzüchtung und Modellierung gehen kann. Wenn er so weit geht, wie er jetzt schon bei Pflanzen und Tieren reicht, dann wird der Mensch zum Projekt. Er wird als Rohstoff betrachtet werden wie alle andere Natur auch. Eltern werden eine Art Genshopping betreiben, um ihre Kinder wunschgemäß zusammenzustellen. Planung der Biographie und Planung von Menschenprojekten werden das Geheimnis des Lebens zu einer versunkenen Erinnerung machen.

Die Kerbung zwischen Mensch und Tier, die Lascaux uns zeigt, wird damit zurückgenommen. Der Mensch ist nicht ein soziales Wesen, sondern eine mikrobiologische Figuration. Als letzter Grund des Seins wird die genetische Information angesehen. Erkenne dich selbst, das wird heißen: Erkenne dich als ein Bündel genetischer Informationen.

Damit sitzen wir am Tisch der Götter. Denn die Verheißung ist, daß diese genetischen Informationen änderbar, herstellbar sind. Der Schöpfer des Gartens Eden ist exmittiert. Vor allem die mikrobiologischen Wissenschaftler denken daran, ihn zu vertreten. Und Mediziner werden ihre Laborerkenntnisse nutzen, um das alt gewordene Bild vom Menschen und von der Natur zu zerstören: Laßt uns Menschen machen nach unserem Bilde. Bis zum Ende des 20.

Jahrhunderts war die äußere Natur dem Menschen zugänglich. Im 21. Jahrhundert wird es die innere Natur des Menschen sein, die für den veränderten Eingriff geöffnet wird. Der miserable Rohstoff, die Biomasse Mensch als Designprojekt. Die ultimate wissenschaftliche Steigerung: von der transgenen Pflanze zum transgenen Tier, zum transgenen Menschen. Die Frage nach seiner sozialen Innenausstattung, nach seinen Empfindungen – Ließe, Haß –, diese Frage wird als mikrobiologische zugelassen. Seelische Schwingungen – ehemals Gefühle – werden im Operationssaal mikroskopisch reguliert werden.

# Literaturverzeichnis

(Die Literaturliste beschränkt sich vor allem auf jene Titel, die im Text erwähnt wurden)

Adam, Konrad: Wie modern ist Riesenhuber? In: Frankfurter Allgemeine Zeitung vom 15. 12. 1990.

Bataille, Georges: Die Aufhebung der Ökonomie. München 1975.

Bataille, Georges: Die Höhlenbilder von Lascaux oder die Geburt der Kunst. Stuttgart 1986.

Baudrillard, Jean, u. a.: Philosophie der neuen Technologie. Berlin 1989.

Beck-Gernsheim, Elisabeth: Menschenplanung? In: Roland Schaeffer (Hg.): Ist die demokratisch-wissenschaftliche Zukunft demokratisch beherrschbar? Frankfurt/Main 1990.

Beck, Ulrich/Beck-Gernsheim, Elisabeth: Das ganz normale Chaos der Liebe. Frankfurt/M. 1990.

Brügge, Peter: Zum Kaufen geboren. In: Der Spiegel 1/1991.

Chargaff, Erwin: Das Feuer des Heraklit. Stuttgart 1988.

Clark, Ronald W.: Charles Darwin. Frankfurt 1989.

Corea, Gena: MutterMaschine. Reproduktionstechnologien – von der künstlichen Befruchtung zur künstlichen Gebärmutter. Frankfurt 1988.

Collins, Joseph, und Lappé, Frances Moore: Vom Mythos des Hungers. Frankfurt 1980.

Der Spiegel: 16/1990; 45/1990; 6/1991; 22/1991; 23/1991; 30/1991; 35/1991.

Dowie, Mark: Die Leber ist draußen. In: Der Spiegel 17, 18, 19/1990.

Duden, Barbara: Der Frauenleib als öffentlicher Ort. Hamburg 1990.
Edelson, Edward: Genome. In: Popular Science, July 1991.
Eisenberg, Götz: An den Rändern. Gießen 1988.
Etzioni, Amitai: Die zweite Erschaffung des Menschen. Opladen 1977.
Flusser, Vilem: Die Schrift. Göttingen 1990.
Foucault, Michel: Überwachen und Strafen. Die Geburt des Gefängnisses. Frankfurt 1977.
Frey, Marc: Der Raubbau an den Ufern des Rio Paraná. In: Frankfurter Rundschau vom 15. Juni 1991.
Gabbert, Klaus: Prometheische Schamlosigkeit. In: Ästhetik und Kommunikation 69/1988.
Gen-ethischer Informationsdienst Berlin: 54/55/1990; 62/1990; 63/1991; 65/66/1991; 67/19911
Giesen, Bernhard: Die Entdinglichung des Sozialen. Frankfurt 1991.
Gould, Stephen Jay: Zufall Mensch. München 1991.
Greffrath, Mathias: Der lange Arm von Chromosom Nr. 7. In: Transatlantik, Dezember 1990, S. 15 ff.
Gronemeyer, Marianne: Die Macht der Bedürfnisse. Reinbek 1988.
Haffner, Peter, und Menzel, Peter: Die Welt, die wir uns selber machen. In: GEO, 6, 1991, S. 129 ff.
Häuptling Büffelkind Langspeer. Göttingen 1987.
Illich, Ivan: Genus. Reinbek 1982.
Illich, Ivan: Gegen Gesundheit. In: tageszeitung vom 23. 10. 1990.
Illich, Ivan: Im Weinberg des Textes. Frankfurt 1991.
Koslowski, Peter: Genetisierung und Verlust der Gestalt. In: Aus Politik und Zeitgeschichte 6/1991.
Kluge, Thomas: Haltlose Ethik. In: Ästhetik und Kommunikation, 69, 1988.
Kourilsky, Philippe: Genetik – Gentechnik – Genmanipulation. München 1989.
Leggewie, Claus: Multi Kulti. Nördlingen 1990.

Löbsack, Theo: Das manipulierte Leben. München 1985.
Markl, Hubert: Evolution. Genetik und menschliches Verhalten. München 1985.
Moravec, Hans: Mind Children. Hamburg 1990.
Minsky, Marvin: Mentopolis. Stuttgart 1990.
Pater, Siegfried, und Raman, Ashwin: Organhandel. Ersatzteile aus der Dritten Welt. Göttingen 1991.
Petersen, Peter: Künstliche Befruchtung. In: Universitas 11, 1990, S. 1049 ff.
Rifkin, Jeremy: Genesis zwei. Biotechnik – Schöpfung nach Maß. Reinbek 1988.
Schmidt, Andreas: Der biologische Blick. MS Gießen 1991.
Schöps, Hans Joachim: Dauerhaft ist nur die Trennung. In: Der Spiegel 2/1991.
Seligmann, Martin E. P.: Pessimisten küßt man nicht. München 1991.
Sloterdijk, Peter: Eurotaoismus. Zur Kritik der politischen Kinetik. Frankfurt 1989.
Szczesny-Friedmann, Claudia: Völlig losgelöst. In: Psychologie heute 4/1991.
Trotha, Trutz von: Zum Wandel der Familie: Kölner Zeitschrift für Soziologie und Sozialpsychologie 42, 1990, S. 452 ff.
Verma, Inder M.: Gene Therapy. In: Scientific American, Nov. 1990.
warten – das magazin. Berlin 1991.
Wehnelt, Joachim: Zwillinge – Objekte der Begierde. In: Journal Frankfurt 13/1991.
Weidenbach, Thomas: Das Genom-Projekt: Oppenheimers Erben. In: natur 2/1991.
Weikert, Aurelia, u.a. (Hg.): Schöne neue Männerwelt. Wien 1987.
Wolf, Naomi: Der Mythos Schönheit, Hamburg 1991.
Zimmer, Dieter E.: Tiefenschwindel. Die endlose und die beendbare Psychoanalyse. Hamburg 1990.

Edgar Dahl

# Im Anfang war der Egoismus

## Den Ursprüngen menschlichen Verhaltens auf der Spur

288 Seiten, gebunden, mit Schutzumschlag

Darwins Welt der natürlichen Selektion ist die Welt des Wettbewerbs. Im Kampf ums Dasein wird mit Zähnen und Klauen gekämpft um das Überleben und um den größtmöglichen Fortpflanzungserfolg. Je mehr Interessen und Bedürfnisse die Konkurrenten miteinander teilen, desto rücksichtsloser ihr Kampf um Beute, Ressourcen und Territorien.
Ist es angesichts dessen nicht paradox, daß Lebewesen so oft auf ihre Überlebens- und Fortpflanzungsvorteile verzichten? Daß etwa Amseln, Drosseln und Meisen sich offensichtlich der Gefahr aussetzen, indem sie ihre Artgenossen vor Raubvögeln warnen? Daß afrikanische Springböcke und Thomsongazellen der eigenen Herde durch Luftsprünge signalisieren, daß ein Feind sich nähert?
Nun ist die Gazelle nicht ganz uneigennützig, wenn sie ihre Verwandten vor dem Löwen warnt. Signalisiert sie nicht, daß sie vor Gesundheit strotzt und daß der Räuber sich besser um eine leichtere Beute bemühen sollte? Und vergrößert der Singvogel nicht die eigene Überlebenschance, wenn der ganze Schwarm auf seinen Alarmruf hin die Flucht ergreift? Und ist die vermeintliche Aufopferung von Mutter Teresa und Albert Schweitzer nicht eine besonders raffinierte Form von Eitelkeit?